今天，我们辞职吗？

李文颖　薛慧　编著

上海科学技术文献出版社

图书在版编目（CIP）数据

今天，我们辞职吗？ / 李文颖，薛慧编著 . —上海：上海科学技术文献出版社 ,2022
ISBN 978-7-5439-8395-3

Ⅰ . ①今… Ⅱ . ①李…②薛… Ⅲ . ①职业选择—通俗读物 Ⅳ . ① C913.2-49

中国版本图书馆 CIP 数据核字 (2021) 第 142668 号

责任编辑：王 珺
封面设计：留白文化

今天，我们辞职吗？
JINTIAN, WOMEN CIZHI MA?
李文颖 薛 慧 编著 （作者排名不分先后）
出版发行：上海科学技术文献出版社
地 址：上海市长乐路 746 号
邮政编码：200040
经 销：全国新华书店
印 刷：商务印书馆上海印刷有限公司
开 本：850mm×1168mm 1/32
印 张：5.625
字 数：122 000
版 次：2022 年 8 月第 1 版 2022 年 8 月第 1 次印刷
书 号：ISBN 978-7-5439-8395-3
定 价：48.00 元
http://www.sstlp.com

创业是很多人的梦想。有些人创业成功，更多的人创业失败。但是你有没有想过，还有第三种可能？

It is now clear that the worldwide pandemic of Coronavirus is going to change the way we live including how we work forever. And whether we become a victim of this change or use this as an opportunity to make our lives better is actually up to us. This book shares a real life stories of people who have refused to be a victim and found a way to make their work and their life more meaningful than ever despite the enormous challenge we are now all facing. In that sense, I think the title of this book, "Today we quit" is a bit paradoxical. Because the people who show up in this book may have "quit" what was not working for them, but they have never "quit" looking for what they truly want in their lives. I believe that this book and the stories contained in it will inspire you and even transform your work and life, but there is one condition. The condition is that you will never "quit" on your life. As long as you keep on looking for new possibilities that your work and your life can be more meaningful no matter how challenging the circumstance may be, there will always be hope that will carry you forward. All the best on your journey going forward!

H. Enomoto

Founder of CTI Japan
Creator of CMW workshop

席卷全球的新冠病毒正改变着我们的生活和工作，并将持续地产生影响。我们是要成为这一巨变的受害者，还是把它视为一个让我们生活得更好的契机？这其实由我们自己来决定。

本书为大家展现了八个真实、鲜活的人生故事，故事中的主人公们也曾面临各种重大的人生挑战，但他们拒绝做受害者，而是努力寻找把自己的生活和工作变得更有意义的方式。从这个角度看这本书的书名《今天，我们辞职吗？》，散发着矛盾的智慧。书中的主人公们“辞”掉了不适合自己的工作，但是他们却从未“辞”去寻找生命中他们真正渴望的东西。

我相信这本书和书中的故事会给大家带来眼前一亮的感觉，甚至会改变你的工作和人生，但这有一个前提。这个前提就是你永不放弃你自己的人生，不会“辞”去人生这份工作。只要你坚持寻找让工作和人生更有意义的更多新的可能，不论这个过程有多么艰辛、充满挑战，总有希望带你前行。祝大家前行之路璀璨熠熠！

HIDE ENOMOTO 榎本英刚
创造有意义的工作 工作坊创始人、人生教练、作家
著有《创造有意义的工作》等畅销书

目录

序一 / Henna 薛慧

序二 / Elva 李文颖

故事一

001 自助、人助、天助

世界知名跨国公司中国区前董事长

找回你骨头里、血液里的东西，跨越时代和风雨，你会发现这都是恩典。

✤工具与练习：重新遇见父母的强有力的问题表

故事二

019 寻找独有的天赋热情

国际组织高级译员

他把自己的天赋热情，发挥得淋漓尽致，工作对他而言是一种艺术、一种享受。

✤工具与练习：发现你的优势和美德

故事三

037 愈挫愈勇 自信豁达

从农家少年到成功企业家的蜕变故事

梦想看似离我们遥远，但是只要充满信心，相信自己，很多事情其实并非想像的遥不可及。

✤工具与练习：你因何而闪耀？

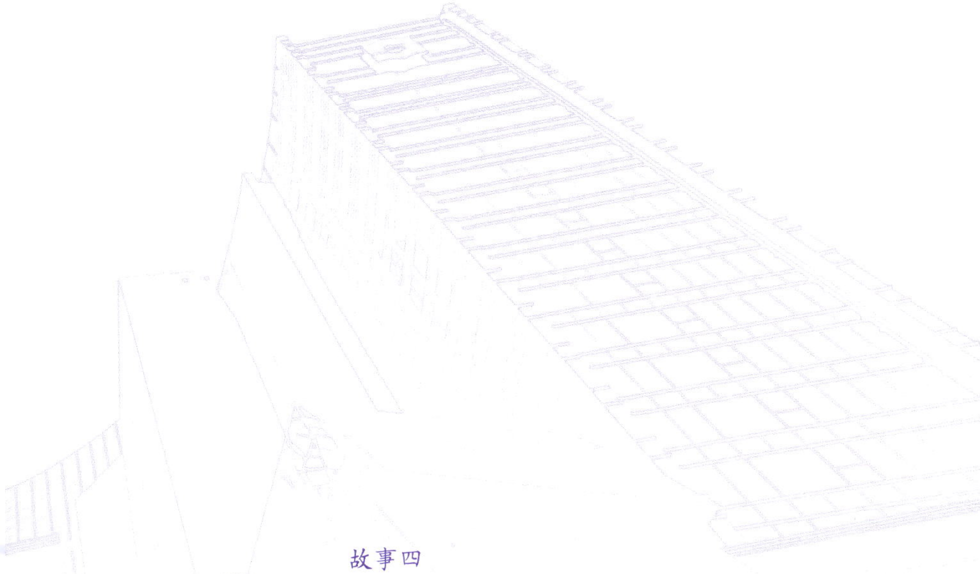

故事四

057 大胆走出舒适圈，探索更多可能性

昔日外交官，今日外企高管

从体制内转型外企白领，再到白手起家创业成功，不断走出舒适圈，大胆探索人生更多可能。

✤ 工具与练习：要实现你的目标，从了解你的目标开始

故事五

073 人生是一场冒险，拥抱未知和不确定性

两次破产仍然继续创业的冒险家

做人生的冒险家！选择创业和做自己想要做的事情就像摇骰子一样，你不摇什么都没有，你摇了才会有结果。不要被恐惧驱使着害怕冒险，去拥抱不确定性吧，这才是生命的礼物。

✤ 工具与练习：生命之轮

故事六

091 从被动到主动，开启爱自己

曾跨国高科技企业资深经理

关注过程而非结果，因为活在世上，体验才是全部的证明。

✤ 工具与练习：30 天感恩练习

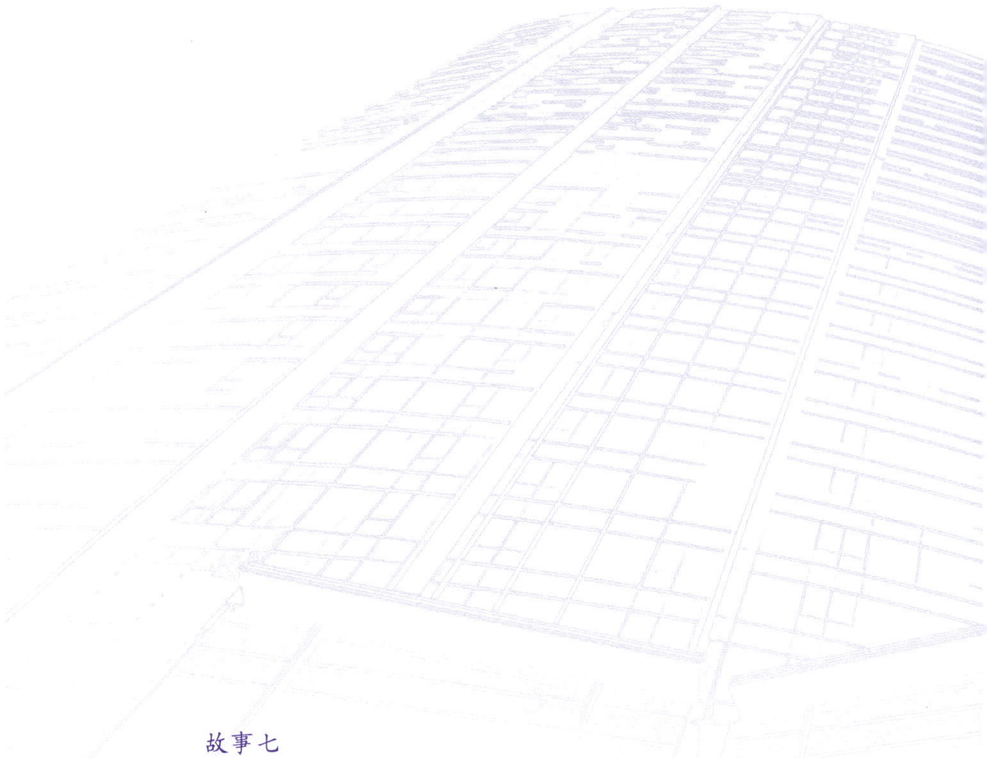

故事七

109 相信相信的力量

生命探索者

相信相信的力量，勇于探索，充满大爱，拥抱世界的中国女性。

✤ 工具与练习：测一测你是哪种类型，为什么很难 Say No？

故事八

129 热爱自由、尝试，体验工作的 N 种方式

白领精英的逐梦之旅

热爱自由、勇于尝试工作的 N 种方式：国企、外企、甲方、乙方、创业、自由职业，体验工作的 N 种方式。

✤ 工具与练习：测测你的幸福感

155 后记 / 史丹芙妮·库尔图瓦

序一

再回头看当初写这本书的本人的初衷，

首先，本书里几位主人公的故事都具有非常强的丰富性独特性，活出了自己人格之美，愿这份美好被看见，也能够给予读者启发。其次，工作是大多数人的话题，我希望大家知道每个人都有转变自己和工作的关系的选择，这里并没有说裸辞一定是好的，而是说每个人都可以找到自己，在原来的工作岗位或者重新选择中，挣脱工作的限制性信念，带着勇气与魄力去活出自己。再次，我和 Elva 两个人都是人生教练，书中给了大家一些自我探索工具，愿大家借这些工具能够认识自己，让自己独特的内在钻石之光照见自己的工作，自己的生活。

这本书如何开启的

大多数人在人生当中都有辞职再就业的经历，我自己以前就是拿新工作的录取通知书后，只安排就休息个两天，周末和原来的同事吃个散伙饭，亲朋好友大多数关心一下新工作的职位，头衔，公司名字，新增收入，这件事情就这么过去了，但是没有看见的是辞职的背后是潜在的一个人的生命的蜕变，不管他有意识地在追求一些什么，还是无意识地被猎头叫去换了一份新工作，其实内在很可能都有深层次的渴望，但都是就这么在一顿散伙饭当中吃完然后就过去了，我觉得好可惜，我觉得那个生命值得被看见，然后就采访了当时裸辞的一个朋友。后来我就想我身边都有这么多故事的朋友，本来做教练聆听别人是我的热爱所在，就去邀约了好几位朋友听他们的故事，例如大家可能读到的我的以前做工程师的朋友，裸辞后创业，然后破产再创业的，也有如今 80 多岁精神奕奕的忘年交朋友，时代潮流大背景下如何经历了内在很多的思考，在 80 年代转型去外资企业担任中国的 CEO，等等。我本人被他们的勇气和智慧感动着，也愿大家在读这些故事的时候能够有自己的收获与启发。

想辞职只是一个信号不一定是终点：

我一个朋友问我 :”如果实在受不了现在的工作了，感觉不行了，马上想直接裸辞了的话，你会怎么看。“ 我回答说如果是我亲妹妹的话，我应该不会建议她这么做，因为不建议一个人因为逃避驱动做选择，而鼓励大家因热爱去创造，去选择。如果真的是在”反正我就是受不了现在的工作，我还不知道要干啥，但是我想要任性一把辞职！“这个念头我觉得大多数人大概多少也都会冒出来过，我觉得那个时候真正的功课，不是辞职，这个念头是一个非常难得的信号：嗨，你要开始为自己承担责任了，那个“受不了”并不是让你辞职，那个受不了是让你停下来找到你自己。这个时候不要逃避，向内看，要去认识自己，知道自己的天赋，找到自己的所爱才是重要的。我们通常对于工作和学习花很多的精力和时间，为了公司的一个项目可能会废寝忘食，可能搞到头发都秃掉的也有，但人生最重要的一件事情，更大的一个项目是更加的了解自己把自己活出来。而这个工作我们花了多少时间和精力呢？所以大家把这个“受不了，想辞职。”可以当做是另外一个真正工作要启动的一个推力一个信号吧，不要去抵抗或者忽视它。当你聆听它，寻声而行，也是是新工作，也许是原有工作上的微调或者新态度，你会找到柳暗花明又一村。

99% 对于未来的担心是不必要的

我记得我前几天去爱丁堡爬山，下山的时候，看着陡峭的山坡，我想如果滑一下我就得滚落山崖，小命就没了，真的好危险，然后自己坚持走自己的脚下的路，一步步，啥事儿都不会发生。

人生不也是如此吗，担心的事情好多，这些担心看起来都有道理，其实真正我们害怕的事情 99% 都不会发生。

人们通常做出改变前伴随着恐惧，它告诉我们有很多风险，但是该走的路仍然要大胆向前，我们走好脚下的每一步，别被不必要的担心限制住了人生沿途美丽的风景。

写序言的时候回顾从写作初到如今，已越重山，越来越体会不管高山与低谷，生命里的底色是喜悦，愿大家聆听自己的内心的声音，找到自己内心的钻石，绽放你的人生。

Henna 薛慧

2021 年 10 月 17 日

序二

提起职场话题，我想大部分人都希望事业有成、人生成功。可是你有没有思考过你想要的成功人生究竟是什么？是功成名就、爱情甜美、阖家幸福、母慈子孝、健康美丽 ..... 吗？

回想自己一路走来，我也不止一次地在思考这个问题——究竟什么是成功？这个问题看似答案一目了然，甚至会让有些人觉得根本不需要思考，其实是个很耐人寻味的问题。

前不久，我看到美国宾夕法尼亚大学沃顿商学院（The Wharton School of the University of Pennsylvania）教授 Richard Shell 的研究，他认为“成功”具有两面性，一面是外在人生，一面是内在人生。用一个比喻解释一下，如果成功是一个盒子，你打开成功的盒子，会看到里面有两个小盒子：一个盒子是外在人生，另一个盒子是内在人生。

追求外在人生或外界的认可是我们常常都在自觉或不自觉做的事情。比如，从小努力做个好孩子、好学生、得到父母和老师的认可。长大后，找个世人眼中的好工作，成为别人眼中的成功。但是，我们似乎很少花多少时间去认真思考，自己真正想要的是什么？

换句话说，内在人生往往被很多人所忽视。如果忽视了内在人生，即使外在人生有所成绩，而内在无法满足时，很难说这是成功的人生。真正的成功，应该是实现外在人生和内在人生的平衡和统一。如何实现外在人生和内在人生的平衡和统一？这是一个特别值得探讨的问题。

一道选择题

如果再给个通俗的比喻，寻找成功有点像女生找老公。假想你是一位自身条件较好的女性，正在寻找另一半，你有两个选择：

A：高富帅，名企精英，外人看来几乎完美，但是你对他无感，完全喜欢不起来。

B：他非常懂你，soul mate 那种，能在每每你需要的时刻为你驱散心中阴霾，让你豁然开朗。可是，他矮丑胖、无业。

你会选哪个？

其实 A 代表外在人生，外界的认可。我们每个人都是社会人，不可避免都要受到外在的影响。即便有人看破红尘、遁入空门，也逃不开外在的世俗。即使在大山的寺庙中依然有政治，僧人们大多也力争成为住持。

B代表内在人生，你的内在。什么是你内在真实渴望的？这个问题往往更难回答。外在的认可，基本是容易衡量的，大多是名、利二字就能有所涵盖。而人的内在是极为复杂的，很多人并不清楚自己究竟想要什么，或者还不知道自己并不清楚自己的“真爱”是什么。

面对这道选择题，我认为无论选A或B都不够理想，人们更渴望A和B的优点融为一体，或者实现一种平衡。

我的探索

曾经，我的外在人生的盒子看起来还不错。那时，我任职于国际知名跨国公司，不仅拥有职业光环、工作内容我也喜欢，收入和各方面看起来都不错，很多亲朋好友都挺羡慕我的工作和生活，我的确得到了外在的认可。

但是，我的内心已经厌倦了循规蹈矩的生活，厌倦了走别人认为的成功之路。我坚信每个生命都是独一无二的，每个人的人生都应该艺术品，而不是千篇一律的工业品。

而我真正想要的是什么呢？我突然发现，我仿佛一直都盯着外在人生的盒子，而忽略了内在人生的盒子。我以为我一直在追寻自我，但不知不觉中我是在追求别人眼中的成功。我的内心其实渴望更多自由，期待探索人生的更多可能。于是，我勇敢地去追求内在人生，追寻内心的渴望选择辞职创业。非常遗憾，我并没能成为“马爸爸”，创业未果（此处省略 10 万字）。

人生就是一段段不断探索的旅程。于是，我开始尝试新的可能。非常庆幸，我接触到了国际前沿的教练技术（Coaching），我的人生从此打开了一扇新的窗。

同时，我还结识了【创造有意义的工作®】（Create Meaningful Work/CMW）的认证课程，我惊喜地发现自己一路走来，正是走在创造有意义的工作的路上。创造有意义的工作（CMW）的旅程正是探寻将外在人生和内在人生完美结合的旅程。非常幸运，我离自己想要的成功又迈进了一小步。

无论做职业教练，还是举办 CMW 工作坊，我内心渴望的是帮助和我曾有过类似困惑，期待人生更多可能、换个活法的人们；希望可以助力他们无论在职场、还是个人生活，都能活得更加精彩，拥抱属于他们自己的、独特的成功！

回到最初的问题：你内心真正想要的是怎样的生活？你想要的成功究竟是什么样子的？相信本书中具有时代感的、真实的故事会为大家带来一些新的思考和启发。

Elva 李文颖
2021 年秋

故事一

自助、人助、天助

——叶老师

世界知名跨国公司中国区前董事长

找回你骨头里、血液里的东西，跨越时代和风雨，你会发现这都是恩典。

写在前面

初识叶老师，是 2019 年的秋季，在一个美国华侨朋友约的晚餐上。

十一月，上海安福路上的梧桐树叶转成了金黄色，微凉的夜色和着鹅黄色的路灯，照出那间小餐馆的温馨。

夜将至，我看到一位长者，步态轻盈，身姿挺拔，身高有一米八，穿着一件质地很好又不张扬的衬衣，儿童般红润的面色。从背后看，若不是雪白的头发，你有可能认为这是一个四五十岁的男人。

是的，周四晚上的年轻人聚会，80 岁的叶老师来了，他谦逊儒雅，自信又有风度，不单单微信用得利索，谈吐气质非凡，常常让人忘记了他的年纪。

我感慨："呵，原来世间真有这样的长者。"

愿意接受采访

“我的人生是风雨飘摇的一生，我愿意用我这一生的经历带给大家启发。”

历史汹涌的长河里，有什么是不变的；

时代滚滚的车轮里，有什么是永恒的？

是什么让一个18岁未得到过正式教育的年轻人，在没有任何关系的帮助下，从教工作后多次被评为教育先进工作者，后来又放下中学教师的铁饭碗，走上了著名跨国企业中国董事长的位置。

“17 岁，从上海去大西北。”

一个没有经历过苦难的人是不会有多大的奔劲儿的，一个人可以学历很光鲜，读书很优秀，家庭背景很显赫，但这些并不代表一个人最终会成为什么样子，我的人生是风雨飘摇的一生，我愿意用我这一生的经历带给大家启发。

在 1957、1958 年的时候，是很讲家庭成分的，我的父亲是国民党军官，当时的我只有 17 岁，是一个小学的音乐老师，也取得了一定的成绩。在一个全市的合唱比赛中，我带的班级拿到了全市的第二名，当时我们的校长在对学校老师和对于上级也就是教育局的领导的态度截然不同，于是我就讲了一句鲁迅先生曾经讲过的话：“奴隶管奴隶真可怕。”这句话，本身没有错，但后来正是由于这句话再加上我家国民党的家庭背景，在 1958 年 10 月 20 号下午一点三十八分，我和七八百个上海教育系统的右派分子被送上一辆从上海北站出发西行的列车到了西北，在那里我待了三年。这件事对我影响很大，讲真的，我觉得一个没有经历过苦难的人是不会有多大的奔劲儿的，一个人可以学历很光鲜，读书很优秀，家庭背景很显赫，但这都不代表一个人最终会成为什么样子，我的人生是风雨飘摇的一生，我愿意用我这一生的经历带给大家启发。

自然灾害，重返上海的三年，至暗时光里骨子里仍有向前的力量

“自助、人助、天助。”这句话是我很长一段时间的座右铭，帮助我度过了人生的喜与悲。

我从年轻的时候开始游泳，一直坚持到了现在，80 岁的我，仍然每天游泳 1 千米。

叶：1959 年国家困难时期，我的父亲已经躺在病床上，他患有泌尿系统的疾病伴随着气喘，只能通过导管的形式把尿液导出来，而我的妈妈也得了肺结核。当时一位在市里做领导的熟人到我家来的时候，看到我们家竟然这么贫病交迫，他就跟静安区教育局联系：“有一位常德路小学叫吴彩云（化名）（我的母亲）的老师，我看到了他们家的真实苦难，请你们考虑，把她的小儿子从西北调回。”最终我得以从西北调回上海。虽然我跟那些右派被发往西北，但我并不是右派，在西北的三年时间里，在劳动改造方面，我的表现是很好

的，当时我还在农村的小学教书。鉴于此，静安区教育局发令把我调回上海留沪侍疾。但当我收到这个调令的时候西北当地的小学已经开学了，当时西北的教育局就告诉我到暑假再回去吧，所以我就又等到暑假，但那时上海又有一个政策：大城市，人口压缩，也就是说不能再进户口，所以在1961—1964这几年在上海的时间里，我过着一种没有户口，没有粮食，没有工作，没有收入，也没有希望的生活。当时的我20岁左右，那正是一个充满梦想，充满活力的年纪啊，而我却过着这样一种生活，还要照顾年老多病的父母，所以我真的可以说是尝遍疾苦。不过在经历了这些之后，后来我一路成为一个跨国企业的中国董事长，受到社会的关注，给我写文章，请我去各地做分享。

问：重返上海的三年给你带来了哪些人生经验，您做过什么重要的事情呢？

叶：在这三年里我主要做了三件事。

首先，照顾父母的生活起居，帮他们做饭洗衣。人这一生，至少要对得起三类人：第一就是生育你的父母，无论他们生活是优渥还是贫困，一定要对得起他们，这一点我做到了；

其次，学习。因为没有上海户口，我无法获得正式的学校编制。于是向母亲的同事黄老师的女儿借了高中的书本，慢慢地啃啊，啃啊，自己学习。

第三件事情，坚持游泳。寒冬里也冬泳，天天坚持游泳，上海最冷的时候，游泳池里爬起来穿衣服，脚一下子伸不到裤脚，因为冷到发抖。在成都路一路抖一路走到常德路，接下来觉得一下子心胸开阔，浑身充满着力量。我从年轻的时候游泳，一直游泳到了现在，80 岁的我，仍然每天坚持游泳 1 千米。

问：是什么让您坚持下来的呢，内心有什么样支撑和信念呢？

母亲在我最困难的时候告诉我："你要记住中国的老子讲的话：自助、人助、天助。"这句话是我很长一段时间的座右铭，帮我度过了人生的喜与悲。

从中学教师走向世界五百强的 CEO

我的骨子里或说血液里，就有一种向前的动力，而这份动力来自于爱和责任。

叶：我这一生中职业变化跨度是非常大的，我曾经在上海市江宁中学当了 7 年的老师，后来去了贝尔公司，然后又在 SG（化名）公司一共工作了 15 年。SG 在动物遗传生物工程上曾经是世界前三的位置，在这个领域我工作了 12 年，从翻译到顾问到高级顾问再到 CEO，最后我成立了自己的合资企业叫做GS（化名），这也是当时中国最大的在该领域的合资企业。我的大女儿说："爸爸，你所做的事情是很多人从来没有做过的事情。"

问：那到底是什么样的因素或原因或信念使你挑战了这么多次呢？

叶：我的骨子里或说血液里，就有一种向前的动力，而这份动力来自于爱和责任。在我奋斗的这么多年里，曾经有过五次大出血。我的这份激情和精力，一直到80岁，这也是我自身价值的体现。

问：您的价值是什么？

叶：勇气、爱、热情和责任心。

我要对我的妻子好，对我的孩子好，对这个社会做一点自己的贡献，这真的是我内心的想法。再后来我离开了中学，放弃了这样一份光辉的教师职业，是出于对妻子孩子的爱，以及作为丈夫的责任，我要给他们更好的生活。1980年的时候我加入上海贝尔，在这个未知的行业，我做的也是不错的。

问：什么促使您做这些转变？

叶：这其中有太多的东西导致我做出这些选择，简单说来是命运的指引。每当我向前看的时候，我什么也看不见，但是当我向后看的时候，我看到了曾经一次次的拐弯，一次次的跌倒又一次次的爬起来继续前行。为什么说是命运的指引，它并不是想象中的那么悬，而是生活中的点点滴滴，我有这么好的父母，虽然他们曾经历过很多的苦难，又经历过那么特殊的时代，但他们依然挺过来了，他们都是虔诚的基督徒，他们身上的意志、坚韧、爱，正是我骨子里流淌的东西。

做 80 年代的 1%——砸掉铁饭碗任职上海最大的美商企业

80 年代的中后期，中国人一生换工作的概率大概只有 1%。我觉得我还可以做更多的事情，我有这个毅力，也有这个信心，也希望为家庭，也为这个社会多做一点事情。

在我奄奄一息的时候，在上帝把我召回的时候，我可以说我这一生无憾了。我对得起我的父母，我对得起我的妻子，就像《My Way》里唱的："Yes，I did it my way."

问：您没有特别强调自己的努力和付出，但是我知道您为了达成自己的目标非常地努力，甚至有好几次胃部大出血。我想认识一下那个时候的您。

叶：事情是这样的，80 年代的中期我曾经前前后后考了 5 次上海的当时最好的单位，比如说上海贝尔，它曾经是如此的辉煌，再比如说我考了上海中心。你要知道那时跳槽不像现在这么方便。我当时看过的一篇文章中说，美国换工作的人的概率大概是60%，而当时80年代的中后期，中国人一生换工作的概率大概只有1%。但那个时候呢，我觉得我可以做更多的事情，我有毅力，也有信心，我也希望为家庭，为这个社会多做一点事情，所以虽然我在学校好几年都被评为先进工作者，我还是离开了江宁中学。

当时我的底子毕竟是不够的，想要考到当时上海最大的美资企业，又在这么好的地段，有很多优秀的年轻人去考。肯定是只有不停、不停坚持，心怀目标的人才有可能会抵达自己要去的目的地。有的人是能坚持，大部分人也许不能坚持，那么这个结果是不一样的。我还记得我是怎么学习英语的，家里家务分工，我一般负责擦地板，擦桌子，这期间就一遍一遍听 The Radio of Beijing，我基本上是这样不断地自学，自己努力的那部分加上运气通过了面试和笔试，最终我被录用了。

还记得当时有朋友到我家（西康路新闸路）来看我，因为我即将被当时的跨国公司录用。那天是1月初，送走他们以后在回到自己的家的路上，我记得很清楚，觉得寒风好像透过我的皮肤刺到我的骨头里一样。我家住在3楼，平常我都是一步两个台阶地跨上楼梯，上楼之后我突然觉得不行了，就跟我太太还有两个女儿说“我可能不行了，你们不要怕。”我讲完了这句话我就坐下了，嘴巴里开始吐血。太太给我拿了一个脸盆，血就不断地涌出来，我的两眼发黑，但其实不是真的黑，是绿莹莹的，好像都是水，眼睛里面有很多小虫在游，后来终于慢慢地停止吐血，这个也是很奇妙的，可能是上帝的帮助，不然很可能那次就失去生命。

问：那个时候您在想什么？您害怕吗？

叶：我当时觉得我对得起这个家，I did it my way，我真的是这么想。我想，我的人生可能要画一个句号了，直到现在我仍难以忘怀的事情就是我的太太一个人连续陪着我三天三夜，这个事情直到现在还让我无比感动。在我奄奄一息的时候，我想如果上帝把我召回的话，我虽然不能和我的妻子女儿在一起，但我的爸爸妈妈在天上，我对得起这个世界，我对得起我的父母，我对得起我的妻子，所以我唱这首《May way》是非常投入的。“Yes, I did it my way.” 这里有我的感慨。

顺应时代需求创立污水治理的项目

每个人都像海水里面的一颗水珠，只有将水珠放到整个大海里，才展现出人生的价值。

叶：每个人都像海水里面的一颗水珠，只有将水珠放到整个大海里，才展现出人生的价值。

我是一直这么认为的，一个人一定要跟社会的大潮相结合，才会有生存的能力，才会有发展的空间。如果不是这样的话，我的英语有什么用，学这个专业那个专业的，都没有办法好好地发挥作用。我曾经跟那个 CFO 协会（上海的一个财务官协会），做过一次分享，The One Step Between CFO and CEO（财务官和首席执行官之间差的那一步），打个比喻就是就是课堂上学的英语是远远不够的，你需要有文学的、法律的、社会的、商务的、文字的方面的英语积累，综合起来，达到一定的深度和高度才可以。当你谈判的时候，你就不是单做一个英语的翻译，而是可能成为他们的朋友、可能成为他们的顾问，也可能成为将来的 CEO，可能对社会的贡献还可以更大一点。

问：您在跨国企业工作从翻译开始，后来被任命为中国董事长，您讲讲这个故事吧。

答：我当时其实已经是 60 多岁了，SG 公司（代名）公司集团决定在上海成立分公司，把我抽出来担任中国区董事长，对我来说确实是一份很大的荣耀。那时候我的头发是染的，所以看上去还比较年轻。作为一个企业来说那时推进实施很多污水治理项目，所以这个公司的成立是有一点里程碑意义的。我们在中国取得了水处理上的推进，比如澳门、广州、石家庄等地的水处理。

首先我认为是被中国自己的同胞接受，然后才会被那些西方的高层接受。

A：他们欣赏你的或者是你启发到他们的有哪些？

B：比如说有关于语言上的专业的翻译，还有政治稳定上面的、人际关系上的、有语言上的等等。更重要的是需要有一些智慧，人可以分工，可以合作，做事要进，做人要退。所以最后实际上是综合能力，也是团队的能力的结果，也就是天助了，就是我始终讲的，母亲那个时候告诉我的六个字“自助、人助、天助”。

问答精选

Q：您最喜欢的一首歌是哪首？

叶：《My Way》！这首歌你仔细听，里面很多就是我此刻的表达。

My Way

Paul Anka

And now, the end is near
And so I face the final curtain
My friends, I'll say it clear
I'll state my case of which I'm certain
I've lived a life that's full
I traveled each and every highway
But more, much more than this
I did it my way
Regrets, I've had a few
But then again, too few to mention

I did what I had to do
And saw it through without exemption
I planned each chartered course
Each careful step along the byway
But more, much more than this
I did it my way
Yes, there were times, I'm sure you knew
When I bit off more than I could chew
But through it all, when there was doubt
I ate it up and spit it out
I faced it all and I stood tall
And did it my way

Q：如果给职场新人一些建议，您会说什么？

叶：如果你没有 Permanent Philosophy、没有稳定的世界观、没有真正的爱人爱己，最终只能走一步两步三步。有深刻到血液里、骨头里的东西，才经得起风雨和时间的考验。

Q：您最有共鸣的一句名言或一段话是什么？

叶：年轻时，在最困难的时候，母亲和我说过老子的这段话“自助则人助，自助则天助。”经过这一生，我想把它换一换：天助、人助、自助。

Q：我知道您特别多才多艺，不但歌唱得非常专业，还擅长摄影和写诗，可否让我们欣赏一下。

叶：17岁，懵懂时，慈母泪，依藏心，出阳关，上贺兰，下蹬格，西北寒，沁刺骨，捋新叶，觅苦苦，念亲人，俩茫茫……熬铁骨，经沧桑，铭终身，悟神恩。

Q：最喜欢的成语是什么。

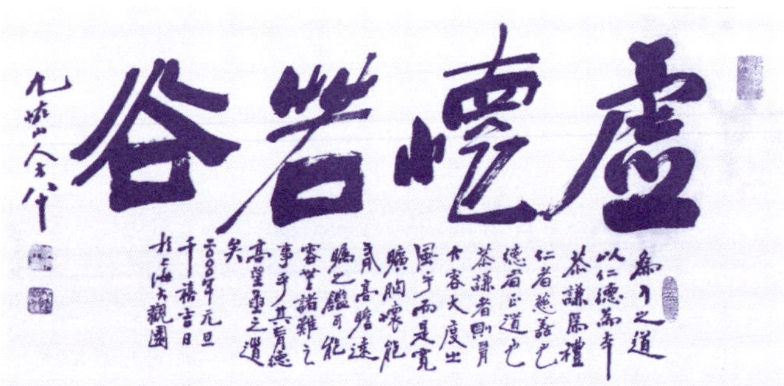

工具与练习

重新遇见父母的强有力的问题表。

最熟悉的地方没有风景，父母身上有的特质我们不一定知道得很清楚。了解父母，重新遇见我们的父母，和父母多一分联系，你也在给自己的生命更多可能。

1. 你年轻时最开心的事是什么?
2. 还记得什么早期开心的事情吗?
3. 父母对你人生的影响是什么?
4. 有什么自己骄傲的吗? 如果专注自己身上，有什么特别值得骄傲的?
5. 过去有什么特别难过的记忆吗，有什么遗憾吗?
6. 你结婚 ×× 年，有什么要值得分享的吗?
7. 回望过去 70 多年，你最喜欢哪个阶段的自己?
8. 如果要给孙辈们留下你的人生智慧，那是什么?
9. 展望未来 10 年，你的期待是什么?
10. 你害怕死亡吗?
11. 如果你可以得到一个带有魔法的礼物，你希望是什么?

故事二

寻找独有的天赋热情

——朱海鸣

国际组织高级译员

他把自己的天赋热情，发挥得淋漓尽致，工作对他而言是一种艺术、一种享受。

大家永远只会面对两个选择：热爱还是恐惧。选择热爱吧！永远不要让恐惧使你背离自己那颗跃动的心。

——金·凯瑞

On an Island Trail

Zhu Haiming

By the side of the ocean,
On my way to green peaks
That reached a thousand feet,
I saw a blind man,
With sweat on the cheeks,
Picking his steps up
And probing with his cane.

I didn't understand, because
He couldn't witness the clouds
Or scan the roaming sea,
Until I realized that he
Did smell the air so sweet
And, just as I,
Felt the heavenly breeze.

岛峰路遇

朱海鸣

茫茫蓝水畔，峰绿入云霄。
曲径登高处，盲夫半路交。
前途长杖探，汗水面湿潮。
缓缓抬足履，独行在岭腰。

不解君之意，辛辛费此劳。
绵云无所见，亦莫论观涛。
俄顷心得悟，缘何彼自陶：
因收山野气，因喜仙风撩。

这首散发着仙气的中英双语诗句，出自本故事的男主角——朱海鸣。朱海鸣老师现任职于联合国纽约总部，担任中文处资深译员、审校。国际组织的高级译员，已经不足以形容来朱老师。他像一位钢琴家，中文和英文在他的指尖下能舞动出一曲曲美妙的乐章；他更是一位诗人，中英文在他的笔下如此鲜活，富有韵味，他让诗歌在这个不流行诗歌的年代充满生命力。

朱老师的译作不但做到了信、达、雅，更像一件件艺术品。他把翻译工作当作了艺术，这让我深刻感受到了这缘自是朱老师对翻译和语言文学的热爱。如果没有这份天赋和热爱，又怎能达到这样的高度呢？现在的这份职业，是朱老师非常热爱的；工作对他而言，已经变成了一种享受和对理想的追求。然而，这种完美的工作状态，也并非轻意得到的成功。

【关于朱海鸣老师】

朱老师毕业于北京外国语大学联合国译员训练部，研究生毕业后的第一份工作是在联合国担任译员。工作五年后，朱老师选择了去沃顿商学院深造，开始寻找人生新的可能。沃顿商学院毕业后的他，很顺利地进入美国华尔街知名金融机构，先后供职于标准普尔公司（Standard & Poor’s）和美国银行（Bank of America）。此后，他也曾自己创过业。几经探索，最终他决定追寻自己的天赋热爱，选择重返联合国工作。

【为什么采访他？】

最初听到朱海鸣老师的人生经历，吸引我的不仅仅是他任职于联合国，又毕业于沃顿商学院这样的人生光环，更吸引我的是他经历的两次重大的职场转型。这两次转型都是大域度的跨界，而且每一次跨界都称得上是华丽转身。这让我在钦佩之余，又对朱老师充满了好奇，是什么激励着朱老师去做了很多人都不敢尝试的跨界转型，去寻找真正的自己？在勇敢地做出转型的抉择之后，如何努力才能最终收获了自己挚爱的事业、生命绽放？

大多数人都渴望能有一份适合自己的、理想的工作，但是又有多少人敢于迈出追求理想的步伐？又有多少人在勇敢迈出第一步、努力探索之后，最终收获了理想呢？如果只逞匹夫之勇，为了改变而改变，转型后人生也可能变得更为惨淡，那么转型的意义又是什么？是不是停留在舒适圈反而更安全？朱老师是幸运的，在探索最适合自己的美好工作的路上，收获了理想。而在这份幸运的背后，还有什么？仅仅是幸运吗？

追随内心，高考前 1 个月决定理科转文科英语专业

每个人都有自己的天赋和喜欢的事情。只有你去用心坚持寻找，才可能找到你的天赋热爱。非常幸运的是，今天有一些工具或测试可以帮助大家发现自己的天赋和热爱。但是，我们那个年代，至少在我工作之前，并没有获知或者使用过这些工具。对于自己天赋的发掘，大多只能依靠自己平时的留心观察和一点点运气。

参加高考前，我其实并不知道该考什么专业，当时也没有想过去做些测评，好像当时也没有这种测评。选择专业全靠直觉，当时广泛流行着一句话：学好数理化，走遍天下都不怕。于是，我和父母一拍即合，就选了理科。这好像是一条大众认可的成功之路，自己以后可能就这么按部就班地发展吧。突然有一天，一个非常偶然的机会，一位女同学来到我家，我们聊天说起高考，我就问了问："你准备考什么专业？想好了吗？"她回答："英语专业"。听到这句话，我好像被什么瞬间击中一般，突然意识到原来除了普通文科、理科，还可以考英语专业。也就是在那一瞬间，我的人生似乎被点亮了，我的心底涌出了一股热流，我对自己说：我也要考英语专业。

这个决定并不是一时冲动，其实我从中学开始就特别喜欢英语，常年担任英语课代表，成绩也非常好。我对英语的热爱一直都在，只是自己没有发现，这位同学的一句话唤醒了我心底对英语的热爱。于是，在距高考仅一个多月的时候，我毅然决定改考英语专业。非常幸运的是，虽然决定看似仓促，但父母并没有反对，而且我也如愿考上了广东外语外贸大学的英语专业。

上了大学之后，我感觉如鱼得水，觉得学英语很简单、很轻松。毫不费力就成绩名列前茅，轻松成为了学霸。另一方面，我也记得班里有一些同学非常用功，经常学习到半夜，但是成绩很普通。我想，假如我没有改报英语专业，而去学了数理化，很可能也会像那些同学一样，学习到深夜，依然没有什么明显的学习效果。回忆大学时光，我感觉找到了自己喜欢和擅长做的事，所以感觉非常好。找到天赋热爱，你会有事半功倍的感觉，感觉一切很轻松而且傲人的成绩也会随之而来。由于英文很出色，大学毕业后我顺利的进入北京外国语大学联合国译员训练部继续深造。研究生毕业后，第一份工作也就顺理成章地进入在联合国任职翻译，在纽约工作了五年。

沃顿商学院：收获了满满的来自外界的认同和嘉许，却开启了一段内在的灰暗时刻。

转眼间，我在联合国工作满五年。我当时面临两个选择，一是回国从事外交工作，另一个是留在美国深造。作为一个喜欢、热爱英语的人，能在美国知名学府继续深造，对于当时的我特别有吸引力。于是，我选了后者，但是学什么对我来说仍是个问题。我们这代人，从小可能就习惯了听从外界的声音，比如听从家长的意见、服从社会、组织的安排，但是很少能觉察真实的自我需求。

当时，也十分偶然，听说一个朋友考上了非常有名的宾夕法尼亚大学沃顿商学院。现在回想起来，当时考沃顿商学院的原因有点幼稚。当时我虽然已经30多岁了，但是想法很天真，觉得他能考上，我也行。我想这也许是我骨子里不服输或着说是追求卓越的心，于是我一鼓作气报考了美国排名前五的商学院。很幸运，我考上了其中的三所。接着，又要面临新的选择——选哪一个所学校呢？我最终选择了三所学校中排名最高的沃顿商学院。

考上沃顿的时候，真是感觉春风得意、志得意满，亲朋好友也赞美有加，让我有一种站上人生巅峰的感觉。那个时候，我收获了满满的来自外界的认同和赞许，然而随后的沃顿学习经历却开启了我内在的一段灰暗时刻。

在沃顿学习的过程中，我发现自己并不是真心喜欢商业、金融，而且也不擅长，外加班上的同学都很优秀，可以说他们是来自全球的佼佼者，有很多之前已经是任职于华尔街的金融界精英。这就等于是用自己的短板，碰到了别人的长处，于是我倍感压力，还觉得自己无法融入群体、感觉内心很孤独。这种心境下，我又不得不学习统计学、会计学等自己完全没兴趣的科目，这让我感觉很郁闷。一段时间过后，甚至有了焦虑、抑郁的情况。为了调整状态，在沃顿就读期间，我休学了一段时间，去寻找“自救”的办法。

自我探索第一步

感谢沃顿的那段经历，让我开始关心自己的内在，这是我以前从没有认真思考过的问题。开启自我探索的第一步，我首先阅读了一些心理健康类的书籍，其中有一本书我印象特别深刻《做喜欢做的事，钱会随之而来》(Do What You Love and The Money Will Follow)，看完后，我茅塞顿开。

现在回想起来，当时选择沃顿商学院之路，并不是从真实的自我出发，而是更看重外界的声音，比如华尔街令人羡慕的高收入、沃顿商学院精英的光环等等，这些别人或外界看重的东西。当时，我还努力说服自己，大多数人的工作都只是一份工作而已，有一份体面的、高收入的工作已经很令人羡慕啦！业余时间还可以去做自己喜欢的事，上班偶尔不满意，忍一忍就过去了。此外，觉得既然已经转型，又花了很多的金钱、时间和精力，就不能再回头。于是沃顿毕业后，和大部分同学一样，我选择了去华尔街工作。

华尔街之痛：转型成功，但华尔街精英的光环并没有照亮我的职场之路

华尔街职业生涯的开启，转型的梦想实现了。让我误以为自己真的是天之骄子，没有什么是不可能的，感觉自己又一次站上了人生巅

峰。我在华尔街的第一份工作是在一家美资银行负责企业信用评级，这份工作没开始多久，我就感觉到这份工作我并不喜欢。我每天都觉得工作索然无味，情绪也渐渐变得低落。由于情绪低落，每天闷闷不乐、郁郁寡欢甚至影响到了家庭、子女和生活的各个方面。

最后我所在的公司被另外一家公司收购，我的第一份痛苦的工作也随之结束。但是，我当时仍没有意识到自己是多么不适合华尔街，只是觉得自己的状态不好，情绪低落，有些抑郁。

人在抑郁期间，会有一段时间特别的兴奋，人始终处于亢奋的状态。那段时间睡眠很少、话特别多，这种自我感觉特别好、虚假的兴奋状态，让我在华尔街的各大知名公司的面试中脱颖而出，表现非常出色。我很快就找到了另一份别人看来的十分不错的工作，在标准普尔公司（Standard & Poor’s）担任企业信用评级分析师。下面的故事，大家可能也猜得到，和上一份工作差不多，索然无味的工作将我拉进了深深的痛苦和抑郁之中，最终我无法再承受内心的折磨，辞职离开了华尔街。

自我探索第二步

在经历痛苦、抑郁的时候，我利用业余时间报名了一个社会培训班 Motivation Training。这个培训，有点类似于人生教练（Life Coach），但是我当时并不太明白，只是开始意识到对自我内在探求的重要性。我感觉我的生命又开启了一扇新的窗，人生有了不同的视角和更多可能。

这种对自我意识的探索和两段痛苦的职场经历，让我渐渐看清楚了自己是什么样的人，喜欢什么、擅长什么、想要做什么？商科和金融不是我喜欢的，我也不擅长，走在那条看似辉煌但并不适合我的道路上，让我感到痛苦，毫无成就感，还事倍功半。而英文和翻译才是我擅长和挚爱的事业，享受文字之美，感受两种语言和文化之间的转换，让我愉悦、满足，充满成就感事半功倍！

离开华尔街之后，我重新开始从事我挚爱的翻译工作。这一次是以创业者的身份，我和朋友成立了一家翻译公司，与美国顶尖的TransPefect公司合作，一做就是十年。这份工作做起来得心应手，但是经营一家公司也有很多挑战，比如管理、市场营销等等，这些都是我不喜欢做，也不擅长的。我发现自己真正喜欢的是翻译工作本身，而不是经营翻译公司。

重返联合国：追寻自己内在的声音，把工作当做自己内在的一种表达方式。

如果说经营翻译公司，让我重新找到了自己喜欢的行业。那么重回联合国，又让我真正找到了适合自己的理想工作。因为我并不喜欢管理和其他一些经营企业的事务，可以说我不是一个好的企业家或者创业者，我并不享受那个过程，让我更有热情的是翻译、文字工作本身。

重回联合国，我首先想到了“幸运”两个字。我感觉自己很幸运，经过很多的探索，我终于找到了最适合自己，也是自己最喜欢的工作。

这份工作，我驾轻就熟，很容易就做出了很好的成绩。我也因此经常被委以重任，比如联合国秘书长的公告等重要的文件，通常都由我来翻译。工作了几年后，我也被提升为审校。

自我探索在我自己身上发挥了很大的作用，我非常希望能把我的个人感悟、探索历程和心得分享给大家，希望能帮助到更多的人找到适合自己的理想职业。也希望每个人都能更了解自己，追寻自己内在的声音，把工作当做自己内在的一种表达方式，使之能够成为一种乐趣。

问答精选

Q：您最喜欢的一首歌是哪首？

朱：《我和我的祖国》！这首歌特别能表达我这样离开祖国工作的人对祖国的一往深情。2019年正值建国七十周年，全球各地的同胞都唱起了它，每每闻之，我都心潮澎湃，热泪盈眶。每当我自己唱起，也感到特别有激情。

Q：如果给职场新人一些建议，您会说什么？

朱：三个字：不着急！不积跬步，无以至千里。向自己喜欢、擅长的方向努力，不要急于求成。在选择职业的时候，一定要选择自己喜欢、擅长的领域。活在当下，把握好此时此刻，因为我们只有现在才能回忆过去，也只有把握好现在，才能拥有更美好的未来，所以不用为过去懊恼、伤怀，也不用去担心未来。把握好当下，不着急，对未来充满信心，就一定能到达自己的目的地。

Q：如何判断哪个工作是才自己真正喜欢的？

朱：跟随你的内心。可以参考儿时你最擅长什么？最喜欢什么？你小时候喜欢文科还是理科？具体哪一科或者哪个领域你特别感兴趣？说到具体的工作，一定要问问自己，你内心喜欢的是做这份工作本身（对这件事有热情、发自内心的喜欢），还是这份工作的外在价值，比如高工资、高社会地位、父母和他人的认可等。

Q：人和职业的关系是什么？

朱：人生在世，在世上走一回，都希望能为人类、世界做点事情、有所贡献。听起来有点大，但是其实每个人都以自己方式对世界做着贡献。如果每个人能以这种心态来工作，就能进入最佳的职业体验。

Q：最让您有共鸣的一句名言或一段话是什么？

朱：我特别想给大家分享这段话：

你们已经准备好了，也有了一身本事，能在这个世界上创造美好的事物。今天走出校门后，大家永远只会面对两个选择：热爱还是恐惧。选择热爱吧！永远不要让恐惧使你背离自己那颗跃动的心。

——金·凯瑞

You are ready and able to do beautiful things in this world and after you walk through those doors today, you will only ever have two choices: Love or Fear. Choose love and don’t ever let fear turn you against your playful heart.

——Jim Carrey

Q：我知道您特别多才多艺，不但歌唱得非常专业，还喜欢写诗，可否让我们欣赏一下？

朱：那我就奉上两首我写的小诗，送给大家吧。

五绝·颐和园雪景

楼台雪雾升，
未辨已朦胧。
千古诗文意，
如无似有中。

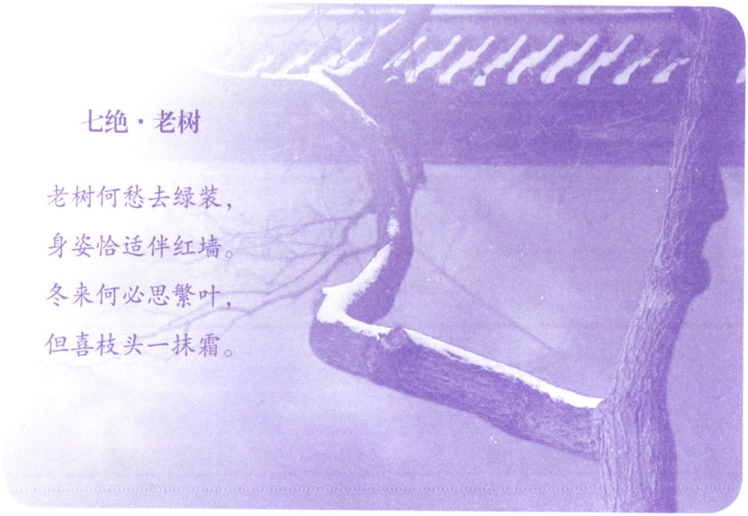

七绝·老树
老树何愁去绿装，
身姿恰适伴红墙。
冬来何必思繁叶，
但喜枝头一抹霜。

工具与练习

发现你的优势和美德

为什么做这个练习？

很多人常常会觉得自己在某些方面还不够好，需要根据外部需求学习新的东西，去提升、改善自己的某项技能，或者是拓展自己的个性和能力，但是其实我们往往都忽略了向内看。我们每个人都有很多的天赋和优势，这是我们与生俱来或是已经拥有的。希望借助这个练习，能够帮助大家看到自身的性格优势和美德。

发现你的优势和美德，对你意味着什么？

积极心理学相关研究显示，通过发现人的优势（Strength）和美德（Virtue），并了解与积极情绪的关系，有助于促进人的发展。美国心理学家、积极心理学之父马丁 · 塞利格曼（Martin Seligman）提出人有 6 大类美德，24 种可测量的性格优势（参见 Character Strengths and Virtues：A Handbook and Classification）。发现并善用这些性格优势，进行有意义的活动，人们会产生愉快的情绪。因此，在日常生活和工作中了解自己的性格优势，并通过有效的干预方法强化性格优势，可以帮助大家树立积极的态度，更加快乐地工作和生活。

如何发现你的优势和美德？

方法一：请仔细阅读下面各题，在符合自己情况的数字上划“○”。“1” 表示从来没有、“2” 表示绝大多数没有、“3” 表示半数时间有、“5” 表示多半 / 很多时间有、“6” 表示所有时间都有。每一条只能选择一个数字，请认真选择。

序号	性格优势和美德	从来没有	少数时间有	一半时间有	绝大多数时间有	所有时间都有
1	创造性或灵活性	1	2	3	4	5
2	好奇心或兴趣	1	2	3	4	5
3	开放、虚心	1	2	3	4	5
4	爱学习	1	2	3	4	5
5	远见或智慧	1	2	3	4	5
6	勇敢和勇气	1	2	3	4	5

续表

序号	性格优势和美德	从来没有	少数时间有	一半时间有	绝大多数时间有	所有时间都有
7	坚定不移、持之以恒、勤奋、刻苦	1	2	3	4	5
8	诚实或真诚	1	2	3	4	5
9	热情或活力	1	2	3	4	5
10	爱或依恋	1	2	3	4	5
11	仁慈或慷慨	1	2	3	4	5
12	社会智力（人际）	1	2	3	4	5
13	忠诚和合作	1	2	3	4	5
14	公平、正直	1	2	3	4	5
15	领导能力	1	2	3	4	5
16	宽恕或仁慈	1	2	3	4	5
17	谦虚	1	2	3	4	5
18	谨慎、判断力	1	2	3	4	5
19	自制或自我调节	1	2	3	4	5
20	对美的欣赏	1	2	3	4	5
21	感恩	1	2	3	4	5
22	希望或乐观	1	2	3	4	5
23	有趣或幽默	1	2	3	4	5
24	信仰或精神	1	2	3	4	5

方法二：可以登陆 VIA（VIA Institute on Character）网站：https://www.viacharacter.org/survey/account/register，进行免费测试。

做完测试后，选择出得分最高的五项，就是你的品格优势。然后，从这五项中选出你最有共鸣的、最认可的，就是你的标志性优势。在工作和生活中，主动发挥你的标志性优势，能帮助你从自己的工作中获得更多享受和满足感，提升幸福感。

故事三

愈挫愈勇 自信豁达

——海先生（化名）

从农家少年到成功企业家的蜕变故事

梦想看似离我们遥远，但是只要充满信心，相信自己，很多事情其实并非想像的遥不可及。

在路上，一直没有忘记来时的方向。

【关于海先生（化名）】

“70后”的海先生出生于中国内蒙古的塞外草原，毕业于北京化工大学。1997年，他辞职来到苏州，从事医药产品营销。此后，他始终专注于母婴方向的医疗健康产业，不到四十岁就成为了一名成功的企业家，实现了财务自由，目前拥有一家医疗科技公司和一家母婴服务平台。海先生热衷于社会活动，还兼任上海内蒙古商会副会长和上海交大校友会副会长。

【为什么采访海先生？】

几年前，我看到一篇网红文章《寒门再难出贵子》，文章的核心内容是随着经济发展，贫富差距增大，教育的差别也越来越大。以前，穷人的孩子可以凭借个人的努力、奋斗就能取得好成绩，通过努力改变命运，但是未来苦学将远远不够，穷人的孩子已经输在了起跑线上。由于经济上的限制，认知、视野有限，寒门子弟很难再通过个人努力改变命运，导致未来“寒门再难出贵子”。看完那篇文章，我的心里很难受。难道出身就是如此的重要，而个人是无法通过自己的努力改变命运、实现理想吗?

直到我听到海先生的故事，我才又重新确信无论世界如何发展变化，只要有梦想、肯付出，人们始终都有机会通过自己的努力改变命运。

此外，海先生最吸引我的地方还在于：他出生于中国北方的普通农民家庭，没有显赫的家世背景、也没有特别耀眼的学历、职场背景，完全凭借他自己的努力，在不到四十岁就实现了财务自由，这是很多人终其一生都无法实现的梦想，这成功背后的秘诀是什么？是什么样的特质，帮助他一步步走向事业的成功?

爱上一座城，冥冥之中，苏州就是我的梦想家园

梦想看似离我们遥远，但是只要充满信心，相信自己，很多事情并非想像的遥不可及。就如海先生，从塞外草原的农家少年，长大后真的成为了江南水乡的企业家。

俗话说“上有天堂下有苏杭”，从小我就对苏州颇有好感。语文课本中的《苏州园林》，给我留下了深刻的印象，苏州的亭台楼榭、太湖石，背后的人文雅韵，还有苏州水乡的秀美宜居，都让我在童年就对苏州充满了向往。

毕业后，我的第一份工作是在烟台，专业对口，工资待遇也不错。一次出差，我到了苏州的一个县城，再次引发了我对苏州的好感，尘封在心底的苏州梦一下子跳了出来。我记得非常清楚，那次出差我们到达苏州县城时已经是深夜，但是街道依然灯火闪亮、人来人往，一片热闹繁华。我深切地感受到中国南方的经济活力，人们的思路更开阔、观点更新鲜，一个小小的县城居然可以有如此的活力。那

苏州呢？自然就更不用说了。那是我第一次感觉到曾经以为离自己很遥远的苏州，原来离自己也可以这么近，当时我就想为什么不能在这里生活呢？可能这就是冥冥之中注定的缘分吧！

放弃舒适的“高薪”，勇敢追梦

回到单位，我选择了果断辞职。除了对苏州的向往，我辞职的另一个原因是不喜欢当时工作的行业。化工行业，属于高污染企业，我直觉上觉得中国未来在环境保护这方面不会允许这么多的污染，这种行业不能长久，而且也不能给人带来愉快，所以我当时选择离开的时候非常坚决。

于是，我买了一张火车票只身来到苏州，追寻我的苏州梦。我从小就喜欢水，对江南水乡充满了憧憬；从小就喜欢苏州，感觉能在那里生活就很美好。我对自己的选择信心满满，觉得选择苏州就是给自己选了一个开始未来美好生活的地方，这让我倍感幸福。而且这一待就是 20 多年。到今年，我在苏州已经生活 24 年了。我 13 岁上中学离开了村子，19 岁上大学离开了内蒙草原。回想起来，我在苏州的时间比在内蒙古草原上待的时间还多。我对苏州的爱甚至比对家乡的感情还浓烈。

刚到苏州的第一个任务是找工作，可是找了 3 个月都没找到，可能因为我是学国际贸易的吧，对口的工作很少。后来，我歪打正着地进了一个妇科医用的保健品公司，做了一名医药代表也就是销售，那时每个月的底薪只有几百元。

我辞职前的工资在当时算是高薪。那个时候，在烟台我一个月基本工资外加补贴提成什么的每月能拿七八千，在当时算很多了。但是我来了苏州以后，突然发现找工作原来这么难。新工作给我的底薪只是几百块钱，和之前的差距确实很大。但是那时候没想那么多，因为还年轻嘛，那个时候觉得能吃饱就可以了，并没想太多。我在那家公司干了两年，很快做到了很高的职位。

辞职创业，经历人生至暗时刻，但依然自信满满

在苏州工作两年，我发现当时好多医药公司的老总都赚了很多钱，然后生活的各方面都很好。我就想这个行业这么赚钱啊，也想跟着别人去做。这时有一个老总介绍我认识一个药厂的老板，他们的项目正在招小代理，就是面向苏州的市级代理。我很看好这个项目的经济前景，觉得这样赚钱更快，所以我决定辞职创业。当时我对创业充满了憧憬，于是拿出自己的全部积蓄，做了这个小代理。

自己创业刚起步，有点摸不着门道，因为对具体的业务和行业还不是特别的了解，也找不到一些特别好的方法，所以一开始做得并不好。外加当时我没有太多积累，积蓄几乎都用在加盟代理上了，有段时间真的很窘迫。

1999年的冬天，也是我人生的寒冬，也可以说是我一生中的至暗时刻。公司困难重重，经营业绩惨淡、入不敷出，我还经历过吃不饱、穿不暖，甚至连住的地方都没有的状态。到后来连一直非常欣赏我的女朋友，都开始怀疑我。她说："本来认为你能力很强，可你连自己都养不起。"我告诉她："你等等我。"我那时深深地感受到，一个人遇到困难时，能救你的只有你自己。

虽然艰辛，但是我始终相信我自己，我一直给自己打气，我说毕竟我也是大学生嘛。当时行业内的其他人，很多都是初中生、高中生，我相信我一定可以的。我相信我自己还因为我在大学里一直都是很上进、很优秀的。虽然两三年都赚不到钱，但我内心依然特别自信。我在人生最艰苦的时候，一直能坚持过来就是因为自信。

问：您提到在人生最艰苦的时候，您一直能坚持过来是因为自信，这份自信是来自于哪呢？

答：自信跟我们的家庭有关系。我姑姑经常和我妈说："你们家这个老五什么时候能找到对象啊？长得一般、个也不高。"但是我是相信我一定会混的好好的让他们来看。我认为长得怎么样就是外表的东西，我一直憋着一股劲在我的心里面，这股劲是我自信心最大的源泉吧。在我创业初期没有赚到钱，但和我父母那时相比，已经赚得不少了。

我在农村长大，大学毕业的时候我父亲已经61岁了，我们家兄弟姐妹5个，但家里完全没有资源可用。我其实已经在谷底了，那么更艰难的人生又能怎么样呢？我上中学之前都穿着打补丁的衣服，所以我在外面遇到挫折也好、委屈也好，我觉得其实也没有那么苦，正是这些经历反而让我觉得没什么好害怕的，大不了就回到从前喽。我想到更多的是我不能回到小时候，回到贫困的家乡，还不如在这儿。所以我当时跟女朋友说即使守不住的时候，死也死在这个地方，就是要坚守。

峰回路转、贵人相助，迎来事业蒸蒸日上

2000 年，我的事业出现了转机，生命中的贵人出现了。我之前工作中结识了一位贺老师，他如今已经 70 多岁了。贺老师当时觉得我这个人可靠，就把自己的一个产品给我，让我做苏州、无锡、常州市场，还给了我一笔项目启动资金。其实当时，我还有点失望。因为自己那时已经开始创业了，我最初想让我女朋友去给贺老师打工，每月能有个稳定的收入。因为我创业并不顺利，我希望我和女朋友中有一个人能有份稳定的收入。但是女朋友却带回来了创业启动资金和贺老师满满的信任，那么我觉得这个事就变成了我们必须做的事。

问：贺老师为什么那么信任您，还愿意给您投资呢？

答：贺老师和我之前做心血管产品的老板认识。当时，贺老师去

上海药检所做药检没过关，而我去做的时候一次性过关，他就对我很好奇。但是其实我什么都不懂，我当时就是把药剂的原理给药剂师讲得非常清楚，我说中药提取液肯定会有少许杂质，会泛黄等等，又把我们这个产品在其他省份的销售、康复案例之类的都讲了一遍，结果药剂师做完之后就发现他做的检测和我讲的很对口，他就给我们通过了。贺老师得知这件事后就跟经理说：这小伙子了不得了，是个销售天才。我们做了这么多努力都没通过，他去了讲得头头是道，一下就通过了。所以他后来跟我老板讲想认识我，于是我就去上海和贺老师见了一面。当时他和他的太太一起见的我，他太太是中药世家，她觉得我很真诚。他们就问我愿不愿意做更有挑战的事情，就说要把他的业务交给我。我当时已经有了自己的方向，我就问道我有一个女朋友现在待业能不能到她那儿任职。没想到第三天我的女朋友去上海见贺老师时候，他们看到我的女朋友也是很真诚的，就给她回来带了 5000 元，资助我们创业。我当时是很沮丧的，我是想让女朋友有稳定收入的工作。可是反过来一想，贺老师第一次见我们就这么信任我们，还给我们投资。为了这份信任，我们也要把这个事情做好。万一做不好，我还要把钱给人家还回去。

于是我只能两个项目一起做。做起来发现，贺老师的项目更好推。再加上当年贺老师的产品通过了 GMP 认证，此后我们的工作就更加顺利了。从 2000 年 8 月份，我们就开始全职做贺老师的项目。从那时起到 2000 年底，我们基本上每个月都可以攒下一些钱。就这样，不久后我们就在苏州买下了自己的第一套房子，感觉有了家！

回想起与贺老师的合作，很有塞翁失马的意味。我当时觉得很遗憾，觉得少了一份稳定的收入，感觉生活压力更重了，但没想到却迎来了自己事业发展的难得的契机。

2001年的时候，我们的市场拓展已经达到了两个人忙不过来的程度，所以我们招聘了人生的第一个业务员、第二个业务员……从那时开始就一直做得比较顺。

问：您觉得为什么之后就很顺利呢？可以总结一下这个顺利跟什么有关吗？

答：第一点是赶上了中国市场经济的大发展。其次也是因为我们的这个妇产科的领域得到了很好的发展，当时整个医疗领域都是蓬勃发展的。还有就是可能跟我的朋友圈有关。我加入代理圈最初是小代理，一直到2004年变为大代理并开始独立，我们就是一直在这个领域坚持。后来经营的一家制医药厂的一条流水线，又机缘巧合卖给了一家上市公司，我们把一条流水线做着做着就变成了上市企业。在这个过程中也离不开我自己对未来的一些感知，算是直觉吧。2005年的时候我自己开了家医疗器械的销售公司。我当时的想法就是药品像当时那样泛滥的去卖，不可能长久。我相信长期下去一定有一天国家会管控药品。其实我很早就考虑这个问题了，2011年以后我的公司基本就跟处方药再没有任何关系。等到2015年的时候，国家开始规定药品零差价等等，到现在药品的利润是比较低的。人无远虑必有近忧嘛，直觉或者远见也挺重要的。

天生直觉，看准一行，坚持做下去

回顾海先生的成功历程，他从一个懵懵懂懂的“小男生”到精通妇产那些事的商业专家，支持海先生一路坚定前行的不仅是他的天生直觉——对行业的敏感判读和准确把握，更是他对生命的热爱和对美好事物的向往。

最初进入了医疗行业时，我还很年轻是一个懵懵懂懂的“小男生”。我认为医院是个治病救人的地方，但通常也是让人不愉快的地方。很多患者带着病痛进入医院，自己和家人都很痛苦，有时还会遇到生离死别的场面。

我喜欢产科，因为医院的产科完全不同，有更多的快乐，是一个开心的科室。每天面对新生命的诞生，初为人母的妈妈们及家人们内心都充满了喜悦，经常能听到欢声笑语。进入了医疗行业，同时我希望自己可以每天快乐的工作、快乐的学习、快乐的生活，产科看起来是我不二的选择。另一方面，由于我工作的原因，我和医院的产科接触比较多。我经常在医院跟一些护士、主任交流，我看到为了宝宝和妈妈的健康，产科的护士长特别忙碌、医疗资源紧张。于是，我开始思考既然医疗资源这么有限，是不是可以通过社会力量去做些什么呢？可以说就是从那个时候，我的心里就埋下了要做母婴健康事业的种子。

从商业角度，我也非常看好产科。中国是个人口大国，产科每天要迎接新生命的诞生，无论何时人类的繁衍、生生不息都会这样一直持续下去。因此，我觉得产科是一个常青行业，只要有人类就有需求，而且需求会一直都在。此外，我的第一个宝宝出生后，我看到太太为了孕育宝宝非常辛苦，做出了很大的牺牲。我想如果我来做产科的康复设备，让妈妈们尽可能恢复到生孩子之前的状态，也是我能为太太和其他妈妈们做的一点事。从那个时候起，我更加坚定母婴健康应该就是我接下来要做的事。

我自己的创业实践也得益于母婴行业。我创业初期的产品是心血管产品，这类产品只适用医院场景。创业初期，我做得并不好。我的目标是产品不仅仅要放在医院，还可以放到药店让大家自由地去购买。贺老师的产品是关于妇产科的，我更喜欢妇产科，因为当初也在这个领域工作过两年还比较熟悉，所以我就选择回归了妇产科这个领域。投入地做贺老师的产品，这给我的事业带来了飞速发展，实践证明了我也很适合做母婴行业。

经过初步探索之后，我就一直在这条路上前进，包括我现在做的三大块业务，都在为母婴健康助力。现在我们国家的《“健康中国2030”规划纲》要里提到“以提高人民健康水平为核心”，就是想让每一个人更加关注自己的身体健康，而我能做的、也是比较擅长的是在女性健康这个领域。女性更健康，不仅仅有利于女性自身，女性孕育出的孩子也会更健康，从这个角度来说我做的是一件利国、利民、利德的事业，往大里说是对整个人类的发展都有所贡献，所以这件事我一直在做，而且未来也会一直做下去。

问答精选

Q：您最喜欢的一首歌是哪首？

答：我喜欢《父亲》这首歌。我的父亲13岁时从山西走西口到内蒙古，他没有什么文化，但是抚养我们兄弟姊妹一大家子，把这个家撑起来，我觉得非常不容易。父亲今年已经85岁了，他为整个家庭付出了太多太多，我们家现在四世同堂，全家总共有将近五十口人。我觉得我们这个大家庭里面的每个人都应该感谢、感恩我的父亲。我父亲现在身体还挺好，每年过年我们全家人一起聚在父亲的身旁，其乐融融。我也跟我的下一代讲：你爷爷从山西到内蒙古只身一人，辛苦努力才有了我们这个大家。我们现在大部分的人搬到了江苏、上海，大家都离开了家乡。原来我们很穷，现在也不能说有多富裕，但不论我们在哪里，境遇如何，我们都要传承家族的那种忠诚、忠厚、真心诚意的传统。而父亲就是我们这种家族精神的凝聚和代表。

Q：您最喜欢的一幅画或艺术品是什么？

答：我特别喜欢维纳斯的雕塑，她代表缺憾的美。人生没有完美，其实缺憾就是一种美。

Q：如果要给职场新人一些建议，您会说什么？

答：我认为一定要踏踏实实做事，在工作中找到自己。每一个人即使是同一个班的同学，但他未来的方向都是不同的，需要通过自己来找到方向，这个方向一定是要有未来的，然后就持续去努力。千万别为了眼前的利益，把自己蒙蔽了，比如今天干这个明天干那个是不行的，要坚持做一件事儿。

Q：您刚刚提到在工作中找到方向，关于找方向您有什么建议吗？很多人都觉得这是特别难的一件事。

答：我有一个合伙人，他是学美术的，但他对关于软件的东西非常感兴趣，所以他没在美术方面下功夫。他现在呢，就是做软件、压缩软件工程的应用以及互联网的营销等等，当然画画也不错的。所以说，你的专业仅仅代表你在这段时间的学习。只要你的学习能力在，你的洞察力在，你的心还在，那么就可以顺着自己喜好的发展下去，一定是要寻找感兴趣的点。比如说我，我就喜欢做营销，所以我选择这条路，就是从自己感兴趣的事物中找到方向。年轻人获得了大学本科学位也好、硕士学位也好、博士学位也好，那只代表在过去一段时间你的学习经历。我认为更多的应该从生活和工作中找到一些东西，它们是为你自己感兴趣的那个点去助力的，否则你就是有再多的才华，你干得也可能不开心，最后你也可能找不到方向。

Q：您和职业的关系是什么？

答：我觉得职业不仅仅是去工作，更是要找到志同道合的人去干一些有意义的事情。做一件事首先要看自己的初心。你做事情是为了什么？这些事情是利于大家的美好生活，或者对未来有利，还是奔着钱去的，还是为了什么其他东西？希望到了晚年的时候回头看，我可以说我做的是利国利民的事情。我现在的想法更多的是要和志同道合的人去共同干一些事。

今年年初，我们通过政府招商的方式拿下了苏州的一块地。在这个地方我们可以建立工厂生产医疗设备，同时可以把我们做的几件事情（妇幼健康、照顾师到家服务、线下的产后康复）融合在一起。这几大业务模块，每一块都有股东、合作伙伴，我来把大家聚集在一起，然后每个人都在各自擅长的领域发挥自己的特长，他们会做得更好。我的工作是把这些整合成一个体系，下一步我想是不是可以让更多的年轻人加入进来。

其实自从我把药厂卖给上市公司之后，我就知道自己的工作不再是仅仅为了赚钱，而是要帮助我周围的人更好的成就自己。我现在的几位合伙人，他们都比我年轻，他们都是认真做事的人，我就是来负责引导方向。其实我自己也还走在创业的路上，也不是说我们已经做得有多大，在各个领域我们也都还在创业。我是想把这几块产业揉合成一个大的东西，这将是一件非常有意义的事。

Q：您最有共鸣的一句名言或一段话是什么？

答：有一句话我特别有感触就是：“在路上，一直没有忘记来时的方向。”我特别喜欢这句话，来时的方向就是初心吧！我也把这句话一直作为自己 QQ 的个性签名，这个签名至少有 5 年了，一直者没有变过。

工具与练习

你因何而闪耀？

海先生的成功可以归因于他身上的很多特质，比如愈挫愈勇、面对质疑和失败，反而更激发他的信心和斗志，以及他的自信豁达等等。

每个人都有自己的亮点和闪耀之处。你是如何闪耀自己的光芒的？什么是你的特质？让你与众不同？本工具帮助你来勇敢的自我欣赏，发现自己的独特之处。

练习指引：

1）请预留出 30 分钟来完成这个练习，为自己庆祝一下！找一个你喜欢的、舒适的环境开始这个练习吧。

2）首先头脑风暴一下，想想你有什么特质？可以从知识、技能、经验等角度入手。这里有几个小贴士：

请不要评判自己，这里没有”好”或“坏”，是真实的自己就好。

请发自内心，从心底开始思考，你思考的范围越广越宽越好。

有重复或类似的地方也没关系——这非常好，它展示了一种模式或主题。

可以包括大事、小事、重要的事和不重要的事。

请写下什么让你独特、与众不同——可以是任何一件事让你成为今天的你。

请记住这不是要总结，而是要发现什么令你为自己感到骄傲。

3）现在在这里写下每一件让你独特的事，什么让你闪耀？

可以从下面的角度思考，看看具体写什么：你的人生经历（可以是艰难和不好的经历，当这些经历带走一些东西时，同时也给我们留下一些东西），健康或有益的好习惯，你克服过的困难和挑战，取得的成绩，兴趣爱好，技能和才干（看似不起眼，微不足道也没关系），可以想想你的特点、你的渴望、你的创造，你如何在这个世界上创造独特的价值，你的知识、你培养的关系、你喜欢玩什么作为娱乐，你一般都因为什么而受到夸赞？

4）头脑风暴之后，圈出你最为自己骄傲的10项。

5）现在我们来探索一下，这10项内容的背后有什么优势和特质？例如，完成马拉松可能代表勇气和决心。请在这10项内容旁边写下它们的特质和优势。

6）从中选出你最喜欢的一个，在旁边标上星号。

完成后，把你找到的10个特质写在下面的宝石上吧。请把你最喜欢的一个特质放到中间的爱心位置。然后回答下一页的两个问题。

我从这个练习中学习或收获了什么？________________________

现在，对于我自己有什么新的发现？可以创造出什么新的信念？有什么是我可以在未来的人生中继续发扬的？____________________

____

故事四

大胆走出舒适圈，探索更多可能性

——朱瞻宇

昔日外交官，今日外企高管

从体制内转型外企白领，再到白手起家创业成功，不断走出舒适圈，大胆探索人生更多可能。

在一个工作中面临的问题，不会因为换一个工作而解决。
只有直面挑战，提升自己，才能在职业生涯中越走越顺。

——朱瞻宇

【关于朱瞻宇先生】

朱瞻宇（英文名 Jerry）先生目前担任国际知名公关公司——励尚公关（Allison+Partners）中国公司总经理。在此之前，朱先生曾在博雅公关、伟达公关、博凡诺公关等国际公关公司担任公关咨询和客户管理工作，服务的客户遍及 IT、汽车、制造、消费品等众多领域，客户包括卡特彼勒、爱默生、百事集团、惠普、青岛啤酒、广汽本田、英特尔、高通、飞利浦、通用汽车、宝马、耐克等国内外大型企业。

作为北京奥运会公差咨询团队的核心成员，朱瞻宇为曾北京 2008 年奥运会提供了公关咨询工作并参与制定了公关危机管理预案。

在加入公关行业之前，朱瞻宇先生在外交领域工作了七年。他拥有法学学士学位，并进修过传播学研究生课程。

【为什么采访 Jerry？】

初识 Jerry 是在 10 多年前，当时我去 Jerry 所在的公关公司面试，因为面试经历了好几轮，所以对 Jerry 印象很深刻。我觉得 Jerry 很特别。当时我在国际公关公司工作了 3 年，接触到的公关从业人员大多装扮时尚、棱角分明、能言善辩，总之给人感觉比较外向高调。但是 Jerry 却与众不同，他给人感觉特别的友善、温和、内敛、低调，于是我特别好奇，Jerry 这种看似不太适合激烈竞争的大众化的性格，是如何在众多高调人才中脱颖而出，做到公司老大的呢?

除了事业有成外，Jerry 还有一颗伯乐的心，他帮助过很多有梦想的年轻人去实现他们的创业梦想，感觉 Jerry 就像年轻人的梦想孵化器。虽然我最终没有选择去 Jerry 当时的公司工作，但是非常幸运能结识 Jerry。此后，机缘巧合有幸接受了 Jerry 的创业指点和帮助。如果没有 Jerry 的支持，我可能依然是一名普通白领，过着别人看起来光鲜，但却循规蹈矩的生活，可能没有勇气走出舒适圈去体验不同的人生，感悟人生原来可以有很多不同的活法，可以如此丰盛!

安静的外表下，有颗爱冒险的心
追随内心，告别外交官身份，开始崭新的公关人生

相信对很多人而言，外交官是个带着光圈的理想职业、甚至是个终身职业。世界很大，生命也可以很丰富。当外交官的梦想实现之后，还可以拥抱人生的更多可能。

回想起自己的第一次辞职，是离开外交领域，和外交官身份告别。当时我只有 20 多岁，却能想象出自己 40 多岁甚至退休时的样子，这对一个年轻人来说实在有些枯燥。

我外表给人感觉很安静、平和，但是我却有颗爱冒险的心。我向往大自然的神秘、未知，渴望去探索更多。二十几岁的时候，我就一个人徒步去了神秘的梅里雪山，穿越虎跃峡。我还曾经一个人坐了 3 天的公交大巴去稻城探险。当然，现在的稻城已经通航，可以坐飞机去，但是那时的探索更艰辛，更有挑战，也更有乐趣。

追随内心的渴望，我希望自己的生活更加丰盛多彩。在外交领域工作了七年后，我决定换个行业，换种生活方式。于是，我选择进入了公

共关系（Public Relations，以下简称“公关”）行业，开启我人生的新篇章。

俗话说万事开头难。刚进入公关行业时，我内心的落差非常大。之前在外交部门，职业自带的光环让我很受人尊敬，但是到了公关行业我是一个新人，没有任何经验，一不小心沦为一个“不受待见”的人。而且，我是一个比较“内秀”的人，公关行业需要与客户沟通、内外协调，很适合外向开朗的人。于是，刚转型的几年，我很有挫败感，有时还有些气馁，甚至怀疑自己的选择是不是错了？是不是不该做出这个追随内心的决定？我也开始思考是不是还要看一些新的机会？

正当我彷徨、怀疑自己的时候，公关工作本身给我带了满足感。我接手了一些有趣，同时还很有影响力的项目。在这些项目中，可以结合我之前的知识和积累，发挥出我独特的优势。比如说，当时做的高通 CDMA 项目，一方面要考虑到媒体和公众的认知，另一方面也要考虑国家政策，这和我以前的工作就能有所结合，我以前的职业优势也被释放出来。2006 年，我们为奥运做中国海外形象的传播工作时，工作内容涉及到外国与中国的关系，正好也可以发挥我在外交领域的积累和特长。就这样，一方面我接触到很多新鲜、有趣的项目，满足了我那颗爱冒险的心；另一方面，我也渐渐在项目上获得了成就感，这些支撑着我在公关这条路上一路走下去，而且越走越坚定、越走路越宽。

2007 年，我成为了一家澳洲公关公司驻华机构的总经理。从 2000 年刚进入时对我而言两眼一抹黑、一无所知的公关行业，我用了 7 年的时间，做到了总经理。这个过程很辛苦，有很长一段时间我几乎没有过周末和休假。公关行业需要很多实践经验的积累，多做些工作，多积累经验，对于在这个行业的成长，十分重要。过程虽然辛苦，但追随内心的声音，为目标而努力，对我而言也未尝不是一种乐趣。而且在这个过程中，我深切感受到公关行业的丰富，可以经常接触到不同领域的客户、不断拓展自己的认知，这正是我想要的。

从外企高管变身草根创业者　笃定迈出探索人生的第二步

我在公关行业工作的前七年，也是国际公关公司在中国萌芽、壮大的黄金岁月。我工作过的几家公关公司从几十个甚至几个员工起步，不断发展。在这个过程中，我经历了多次从无到有的创业过程。比如说，我担任澳洲 PPR 公关公司总经理的时候，我是该公司在中国的第一名员工。从初期的办公室选址到招聘都是我一个人完成的。因此，我非常熟悉创业的氛围和环境，也很清楚每一步该怎么做。所以，也很想尝试自己创业。当时也有几位圈内志同道合的朋友，大家一拍即合，很快我们开始创业了。

当时并没有留恋外企高管的头衔或是高收入，创业对我而言是一个有过经历、有准备的事情，不盲目，也没有犹豫，开始得也顺理成章，也很笃定。我是一个在战略上肯冒险，战术上很保守的人。大的方向和抉择，我愿意冒险、大胆尝试，或者说我更喜欢尝试探索不同的人生，但在实施细节上我非常用心和保守，尽量提前规划好各种预案和风险，并将风险降到最低。

即便如此，创业初期我也遇到了困难。离开了工作过的国际知名公关公司，没有了之前外资名企的光环和资源，找客户变得异常艰难。创业后发现环境变了，以前服务过的外企通常不会选择一个初创的本土公关公司。但是，我对自己要创业这件事很笃定、目标明确，我也不介意褪去外企高管的“华丽外衣”，变身成为一名草根创业者。因此，我们只能从零开始，一个客户一个客户地去积累，而且我们的客户也都变了。从以前的知名外企，变成了一些国内的初创公司、本土企业。他们大多并不了解公关是什么，我们除了提供常规公关服务，还要花很多时间和精力给客户讲解行业知识。

创业感悟

自己创业需要做很多基础性的工作。以前在外企做中国区总经理，很多工作都由基层员工来完成。自己创业，尤其是企业创立初期，事无巨细都要自己做。不过，我也觉得很幸运，因为原来也是从公关行业的基层做起，所有的积累都没有白费，以前的积累都是有价值的。在创业的环境中，公关行业的各种工作我做起来都得心应手。既然已经选择创业，迈出了这一步，就要走下去。我使出了自己最大的全力，为了让公司能存活下来，不以失败告终，很多工作我都是亲历亲为。

创业初期，我并没有什么独特的资源，也没有现成的大客户，只是觉得我们有能力做这个事。感觉我们就像蜗牛，不靠天不靠地，只靠自己，慢慢的、一点一点地往上爬，不断成长、进步。我们也相信这是好事，因为只有靠自己，才能做得更长久。

创业过程中，家人的支持也是至关重要的。我创业第一年的收入是创业前工资的 1/5。第二年公司业务增长，收入也有所增长，但是收入仍然仅为创业前的 1/2。收入大幅减少，工作时间更长，我的家人没有任何怨言，一直都默默地支持着我。如果没有家人的支持，我想我的创业也不会这么顺利。

创业的第三种可能，公司被国际公关公司收购
信任，助力我们的事业不断发展壮大

创业是很多人的梦想。有些人创业成功，更多的人创业失败。但是你有没有想过，还有第三种可能？

创业两年多的时候，我遇到了一个新的契机。一个猎头打电话给我，他在为一家准备进入中国的国际公关寻找中国区总经理。我当时的创业公司发展的还可以，但也遇到了一些瓶颈，比如我们的客户 70% 是国内客户，我们市场教育的成本非常高。另外，我们在同国内本土公关公司竞争时，在价格上并没有什么优势。机缘巧合，我接到了那位猎头的电话，最终在猎头的撮合之下，我们的公司被这家外资公关公司收购。我带着创业团队的原班人马加入了这家国际公关公司，并且一直工作到今天。

收购这件事对我们双方来说是双赢的。一方面，我们完全有实力能服务好这家国际公关公司。另一方面，有了国际公关公司的品牌影响、平台优势，我们可以获得更多的国际客户和资源。而公司总部对

我们也非常信任，总部没有派人来监督、干涉我们，相反还为我们带来了很多客户。

这家公司最吸引我的就是公司的信任文化。总部只提供目标，同时完全信任本地团队和他们的判断力。如果当地团队需要总部支持，总部就大力支持。如果不需要，总部就给大家足够的信任和自主权。我想正是凭借这种文化和管理风格，经过 8 年的发展，公司在公关行业的业内排名从之前的 53 位上升到 2020 年的第 28 位。在中国的员工人数，增长了 4 倍，业务也不断增长。

创业以来的 10 年间，经历了各种发展、起伏，不变的是我们结合市场和客户需求，打造了自己的核心竞争力。我认为一家公司最独特的地方，也是支持它发展的动因就是软性的企业文化。我特别欣赏公司文化的核心词：企业家精神（entrepreneurship），这塑造了公司信任、放权、有创造力的文化。我想这大概是因为总部的创始人非常年轻、活跃，相对而言很多大的国际公关公司的创始人都已经年纪很大。我们的年轻化的管理、扁平的汇报体系，沟通更直接、简单，没有繁文缛节，只有充分的授权。

所有这些，我想都可以归功于我们彼此间的信任。我相信总部，并对总部充满了信心和信任，总部对我们也是如此。彼此间的信任成就了我们今天的成绩。

提起创业，大家通常会想到两种可能：创业项目最终是成功或是失败？其实，创业还有第三种可能，比如最初的创业公司被更大、更有影响力的公司收购。其实，创业公司被收购并不算什么新鲜事，但是被收购后原来的创始人还能自主地继续践行自己的梦想，同时能做到收购和被收购方之间能互相信任，彼此互为营养、互相促进、将事业合力发展到新的高度，这样的成功案例并不算多。

怀伯乐之心，放眼未来，服务于青年一代，同时继续发挥自己的优势

人生还有很多新的可能有待我们去探索，而我个人的能力是有限的，所以未来我想把更多的精力放到培养新一代接班人身上，帮助他们成为中坚力量，走到台前，承担更多的责任。青年一代的成长背景和我们不同，他们的视野更开阔、精力更充沛。如果为他们提供一个平台，相信他们可以发挥更大的作用。

这不是说中年人就没有用武之地了，我认为公关行业有足够的宽度和广度适合不同的人。资深的从业人员很多会专注于政府关系、危机公关等大方向的把握和策略性的工作，这就需要经验的积累。而年轻一代，他们更擅长社交媒体、大型活动的创意等等。所以，不同特点的人群，各自都有发挥的空间，大家只是定位不同。只有对某个行业有了深度的了解和认知，才能站在 CEO 的角度思考，和高管们一起制定公关策略。

当然，未来的工作重点我还是想放在赋能新一代上，同时研究管理的学问。管理是门艺术，能激励人的不仅仅是物质，还有及时的认可、平台的作用和很多其他的东西。我会在这方面进一步探索，为更

多的年轻人赋能。八年前，Allison+Partners 为我提供了事业发展的难得机会和新的契机。我也希望自己能把这种精神传递下去，为新生力量提供一个平台，帮助他们成就自我，实现梦想。

问答精选

Q：您最喜欢的一首歌？

Jerry：朴树的《平凡之路》。人生经历的各种跌宕起伏，最终都归于平淡。享受平淡也是一种美。

Q：您最喜欢的一幅画？

Jerry：我喜欢大自然、户外、爬山。当工作忙出不去时，看到这副画会让我感到愉悦，好像自己已经置身于大自然之中，能让我感受到世界的神奇，大自然的丰富和神秘，我仿佛翱翔于天地之间，去探险、探索未知，这给我带来欣喜和力量 。这幅画出自一位不知名的画家。在我客厅里挂了有 10 年了，好像已经成了我的朋友和生活的一部分。

Q：如果给职场新人一些建议，您会说什么？

Jerry：初入职场的时候，大家可以多尝试些不同的领域和方向。到了一定阶段，比如工作4~5年后，就要确定下来。因为现在每个行业的竞争都非常激励。如果长时间频繁换工作、跳槽，不仅浪费时间，而且哪个行业都做不深，最终都看不到做到一定高度的独特的风景。其实各行各业，本质都差不太多，最终都是一种销售。年轻人如果有机会，可以尝试销售工作，对你的人生非常有帮助。不是为了销售而销售，是帮客户找到最适合他的解决方案。先帮助客户成功，客户才能帮助你成功。另外，当自己各方面不够成熟的时候，一定要有耐心，要等待对的时机。

Q：回顾您的职场生涯，什么是让您最满意、最骄傲的？

Jerry：我觉得在公关这个行业，特别是就公关公司而言，个人有几个发展阶段。1）个人技能、技巧。比如擅长写文章、处理媒体关系、策划活动等；2）客户关系：赢得客户信任，更好的实施项目，为客户提供更多价值；3）带团队：带领大家共同进步；4）打造平台：创造一种机制，服务、赋能更多人。这几阶段的顺序是一个人成长、进步的过程。我非常的幸运，我每一步都经历过，而且都成功了。中间我也自己创过业，到现在作为国际公关公司中国区的负责人，我感觉自己走过的每一步都交上了自己满意的答卷。这让我感到十分欣慰、满足和骄傲。

Q：您最有共鸣的一句名言或一段话是什么？

Jerry：在一个工作中面临的问题，不会因为换另一个工作而解决。只有直面挑战，提升自己，才能在职业生涯中越走越顺。

这是我自己的感悟，也是我经常对年轻的同事说的一句话。如果跳槽是因为不高兴，自己受委屈了，或者遇到了不适合的客户或同事，换工作也不能根本解决这些问题。这可能说明你并不擅长处理这种情境或关系。只有找到症结所在，提升自己，弥补自己的短板，这样不论哪份工作，哪个行业都能做得很好。

工具与练习

练习一：

要实现你的目标，从了解你的目标开始

从 Jerry 的故事中，不难发现 Jerry 在事业发展的不同阶段都有着非常明确的目标。他向着自己的目标一路笃定前行，这应该就是 Jerry 成功的一个重要秘诀。你的目标是什么呢？

想更深刻的理解你的目标吗？挖掘一下你为什么要实现你的目标？

通常情况下，我们是否能实现自己的目标，取决于我们是不是付诸于行动。但是，什么能决定我们是否采取行动呢？这就要看你有多

大的意愿来实现这个目标！所以，在最终确定你的奋斗目标前，先回答一下下面的问题吧。

请选出你近期希望达成的 1~3 个目标，自问自答，完成下面的问卷。有些问题的答案相同也没关系。你的答案会帮助你理清思绪，进而更关注于你的目标，让你更有动力和决心去实现这些目标！

	写下你的第1个目标	写下你的第2个目标	写下你的第3个目标
✤你为什么想实现这个目标？ ✤它能给你带来什么？			
✤你为什么想到上面回答的内容？ ✤这些会给你带来什么？			
✤这个目标会给你带来什么样的感觉？			

练习二：我是否应该离开目前的舒适区？

生活满意度自测

1. 你给自己目前对生活的整体满意程度，打几分？满分为 10 分：

______ / 10

2. 如果需要给你目前生活的有趣程度打个分，你给自己打几分？（满分为 10 分）

______ / 10

3. 如果需要给你目前工作的幸福感打个分，你给自己打几分？（满分为 10 分）

______ / 10

4. 你经常感到有压力、繁忙，工作做不完吗？你给自己的状态打几分？（满分为 10 分）

______ / 10

5. 在我内心深处，我给自己打几分？

-5 ◄-------------------- 0 --------------------► 5（根据自己的真实感觉在这条线的合适位打√）

6. 当下的生活中，你最喜欢的是什么？

____

7. 当下的生活中，什么是你最讨厌的、最需要被改善的？

____

8. 我准备好采取行动来改变我的生活环境、习惯和我的人生：

也许 / 是 / 否（请画√）

故事五

人生是一场冒险，拥抱未知和不确定性

——德永英明

两次破产仍然继续创业的冒险家

做人生的冒险家！选择创业和做自己想要做的事情就像摇骰子一样，你不摇什么都没有，你摇了才会有结果。不要被恐惧驱使着害怕冒险，去拥抱不确定性吧，这才是生命的礼物。

写在前面

平时码字的时候我都穿着高跟鞋，听劲爆的 EDM 电子音乐，恨不得就要点上一支雪茄了。此刻，写他时的背景音乐只能是这首缓慢深邃的日本歌，他的故事似乎能穿越人世间的熙熙攘攘，穿越都市忙碌，越来越靠近一潭叫作生命的池水，而这水是冷的，如金属的那种冷，是黑灰色的，如暴风雨前的那种云色，无畏又冷冽。

什么都听不到 什么都不让我听到

是因为我比过去变得更成熟吧

放在床上的是第一次买的黑色收音机

有多少的旋律 创造了多少的时代

在没有被装饰的去处 蜂拥的人群中

请告诉我真正的幸福 坏掉的 Radio

总是能听到 总是能让我听到

越过窗户看着天空 就让人油生些许勇气

收音机知道了 敲敲我的内心

在繁华祭典之后 身后总是寂静的街道

遥远洋溢的梦想 无法回归的人潮

请告诉我真正的幸福 坏掉的 Radio

坏掉的 Radio 德永英明

他是谁

Spike是我大学的学长。大学相识时那个理工科的少年，经历过生活和事业的高低起伏，如今是尚未四十已不惑的男人。他有银灰相间的头发，他一直很真实，没有虚华浮躁。

生意做成时他总笑说是运气，而我知道其实他连公司成本中每一平方米的租金多少都有自己的一套数学模型去计算，凡事看规律，其实他是一个不折不扣的奋斗青年，或者说是工作狂也不为过。

虽然看事情常把商业模型趋势挂嘴边，而若说人情，他又是最有人情的，有员工一心想在上海打拼却被家人因为封建思想拖回老家的时候，冷静面具下他是心有涟漪的；开新学校忙成狗时想“算了，把养的狗儿送人吧”，最后一刻仍然舍不得说了一句“奥利奥对我有恩，宁愿把自己忙死，也要照顾它。”

理工科研究生的他毕业后九年在外资企业做工程师，后来辞职做投资，破产再继续，辞职创业做教育机构拥有了五间学校，疫情期间又再次经历破产，破产对他而言仿佛仅是财务上的数字和状态而已，他创造的故事还在继续。

愿意接受采访

他，带着冒险家气质，把一次次创业的风险看作是上天让人享受生活的机会。生活中充满着不确定性，人的本能是回避它。但是客观来说不确定性是回避不了的，不辞职、不改变自己、不选择就没有不确定性了吗？不过是把不确定性交到了他人手中，与其如此，不如自己主动去拥抱不确定性。做好自己做的那部分，其余上天会决定，感受刺激，享受生而为人的这份自由，无限的可能性。而当你拥有这个拥抱风险、拥抱不确定的心态的时候，其实你已经战胜了这个风险。也许你不一定会有普遍意义上的成功，但是也请你准备好好享受这个生命的旅程了。

还记得我们在上海的一家台湾菜馆 KRU 碰头，夜未央，梧桐树下，露天座桌上摆着好看的装饰花。当我欣赏花朵美丽时，他是那个能说出花朵之所以好看的规律：花朵颜色和桌子同属于夏季色系，花茎摆放了 45 度角度。能看到这种规律立马让人从沉醉里出戏，却总是对的。对做人生教练的我来说，不断创造人生共鸣感、意义感的绚烂是我的色调，而他却是那个能打翻调色盘的人。

如何从工程师变成创业者

“离职的时候问问自己的内心，是害怕痛苦要离开，还是因为爱另一样东西而做选择？“ —— Spike

恐惧是非常强大的力量，但是恐惧驱动而做的选择通常没有好结果，而因为爱而去做会有好结果，就算没有好结果，也会很开心。最简单的例子，害怕单身而去结婚，没有好结果。为爱而结婚，至少爱过很开心。

对于 Spike 来说，研究生毕业后在公司里做工程师的那几年回头看来如同蛰伏，就像冬季储存能量的时候。而时机到了如春夏苏醒和勃发，就开始去为自己喜欢的事情去冒险和创造。

问：你怎么看你任工程师那段时间的？

答：人需要这样蛰伏的时间的。蛰伏期享受，储存能量，我的蛰伏期是在公司的时候，工作 6 年间的工作内容、岗位都没有什么变化的，很舒服也很无聊，但也不会觉得痛苦。现在想来有点浪费生命。生命需要去创造，我一直在想我在追求什么，可能我追求的就是冒险。

问：应该很多人好奇你是怎么从工程师辞职，变成创业者的。

答：听起来挺像一个故事，但是我辞职的时候原因很简单，就是那个时候我在做理财投资，副业的收入超过了正业的收入，就这么简单。没有什么别的原因，没有更多的考虑，这是个很自然的选择。

我是 2013 年 6 月份辞职的，那时候心情挺刺激的，就感觉要辞职干自己的事业了呀。当时做的是投资，是专业做投资的，感觉账面上还能挣好几万，比工资多，那么就觉得在这个公司里做着也没什么意思，对吧？而且你总在公司里炒股，影响不太好吧，那么就出来自己干了，当时就是这个样子。

问：你做工程师的时候是在一个大公司里，辞职后的身份或者归属感会让你感到确实吗？就好比别人如果问你做什么的，你说我在某个知名公司的，辞职单干就不同了，别人都不知道你创办的公司。

答：我丝毫没有这种感觉，公司是公司，我是我。公司的成就又不代表我个人的成就，公司再大再出名跟我没什么关系。那个不是我创造的，对吧？我只是在里面的一颗螺丝钉而已。

问：网上有这么一段话在描写自己是否要辞职而纠结的情况，你怎么看？

“近来一直比较纠结要不要辞职。个人情况有两个孩子两套房子，自己一直在做一些投资，收益还不错，基本生活保障已经解决加上自己的工作上也有不顺心的地方，本来决定要提出辞职了，这样不用看别人脸色，在家做做投资，辅导两个孩子的作业，寒暑假也可以带孩子去外地玩玩。但最近看到一个人尽管资产千万了，但是父母老婆孩子好像没有很瞧得起自己，觉得整天在家游手好闲，投机取巧而已。我想我是否需要挂靠在一些小企业做一些兼职，也算是和社会不脱节，工作可以提供观察社会、体验人生的窗口，也不能单单从钱的角度去衡量，是否我该辞职呢？”

答：没有正确的选择，只有最适合你的选择。7 年前想的都是有财务自由就要去做自己想做的事情。但是我现在明白了，无论有钱没钱，做自己想做的事情是没有任何条件的。你要考虑别人的想法就只能活在别人期望的人生里。资产根本就不是问题。关键是你有多大的勇气去做自己想做的事情。坦然的接受结果就行了。

这些话是我后来自己出来做以后才明确的想法，当时辞去工程师的时候并不知道。做自己想要做的事情是不需要条件的。你自己想做就去做，你自己承担后果就行。如果你总想着别人会怎么看的话，你永远都做不了。你不能去想别人怎么看，你得想你要什么，然后就去做就行了。 反反复复考虑太多这个想法那个想法，时间就这么浪费掉了。也就是说你是否只愿活在别人的眼光里。

问：你什么时候开始不在乎别人的眼光，其中经历过一些什么样子的一个心路历程？

答：等到发生了很多事情更知道自己要什么，知道自己要什么，才能不在乎别人的眼光。其实我现在有时候还是在乎别人眼光，人不可能完全不在乎他人。人是社会关系的总和，我怎么来定义我这个人是通过社会关系来定义的，这是事实，这是一个哲学的定义，不由主观意志所决定。我只是说在某种程度上可以不用过分在意别人的眼光，因而阻碍自己去做真正想做的事情。这个发现也是近几年的事情，也并不是很早就理解到的。

两次破产

“我在32岁的时候辞职选择做全职投资，后来经历各种跌宕起伏，自己创业，破产，再创业，因疫情再破产，现在重新上路，这已经是第三次了。”——Spike

两次破产后再次上路，也是想说明资产并不能真的阻碍你去做自己要做的事情。

“是什么力量让我们坚强；是什么离去让我们悲伤；是什么付出让我们坦荡；是什么结束让我们成长。”Spike说“你经历过很多，会成长得更好。”对于破产的轻描淡写，似乎是这几句话的体现。

问：你现在属于一个什么状态？怎么看待破产？

答：我在32岁的时候选择辞职做全职投资，后来经历过各种跌宕起伏，自己创业，破产，再创业，因疫情再破产，现在重新上路，这已经是第三次了。从严格意义上来说，我现在也是破产的状态。

问：但你还是很淡然的。

答：时间长了就淡然了。第一次破产的时候呢，主要是那些投资者的钱都拿不回来了。情况是从2014年开始变坏的，2015年是最糟糕的时候，损失大概有100万元。我现在已经想不起来那时候的心情了，生活总是要继续的，该做的事情还是要做。

问：你怎么定义破产？

答：破产就好像就是一个项目没做好，资不抵债。我现在做教育这块，因为COVID-19新冠疫情让我现在外面欠了很多钱，我们没有钱可以还给别人，虽然现在没有到还钱的时候，所以现在还暂时没有问题，但是你也可以认为这就是破产。但我仍然在路上。

创业对你的重要性

在这个不必冒险的世界里，他选择做一个冒险家。在他的世界里有别人看不到的未知风浪，他一次次地冲过去，即便偶尔有浪拍回来疼痛呛水，也不改他的特质。

“出去创业一次或者做自己想要做的事情，就等于是转一次生命轮盘。但如果说你不干，生命的轮盘连转都没得转。就像摇骰子的一样，你首先是要摇，你不摇什么都没有，你摇了才会有结果。”—— Spike

问：因为创业你付出了什么代价？

答：我从做投资到做教育，做生意就是我自己去创造，去挑战自己做更大的事情、更难的事情，并且把它做成更大更难更有创造性的活动，这带来的价值感对我来说比较重要。

当然里面也是有代价的，自己要做好最坏的打算，也做好自己的部分，剩下就交给运气了。别人赌钱我赌命。出去创业一次或者做自己想要做的事情，就等于是转一次生命轮盘。但如果说你不干，生命的轮盘连转都没得转。就像摇骰子的一样，你先是要摇，你不摇什么都没有，你摇了才会有结果。

我思路很简单，找到业内专业的人，相信他做的事情把这份事情做成生意做成事业。这是他能干的事情。大多数人缺少胆量，不一定敢干，我敢我也以我的心告诉大家我们可以。我的特点是眼光准、判断准，还有胆子大，告诉别人“你可以”。

转一次生命轮盘让自己和别人也都试一把运气。其实成功概率还是很高的，有些事情是你有一定概率赢的，你当然得去试，去试一把，自己能做的做好，剩下就交给命运，命运会给你答案。

创业冒险家的一些信念

问：很多人说上班不开心不想干了，老板不好不想干了，你怎么看？

答：我们不能因为不喜欢一件事情而去采取行动，你应该去想做一件事情去采取行动，这是个根本性的问题。逃避痛苦和追求热爱，这两件事情是不一样的。所有因为不喜欢现在的工作而想离开的人，我劝你不要辞职，你只是想逃避现在的痛苦而已，并不是想要去做什么事情，并不是想去创造一些东西，所以你不是有想做的事情，你只是想逃避痛苦而已。如果只是单纯地逃避痛苦，就很难做出理智和有意义的事情。

问：在创业或者工作中遇到的一些挑战，比如家人身体不好，老一辈病了带来的心理上的打击，遇到这种境遇你怎么看？

答：这是人生常态，只是经历得或早或晚。每个人都会面对父母倒下的那一天，父母是挡在我们和死亡之间的一堵墙。我在面对这个事情的时候不会比别人做的好多少。这种事情怎么做心理准备都是不够的。人是需要一种有了感性上认识才会改变想法的物种。这事情对人的冲击很大，带来的想法改变也是必然的，成长也是必然。

问：如果找到了喜欢的事情去放手做了，但是家人不理解为什么丢弃铁饭碗，或者被朋友质疑在搞什么名堂，怎么办？

答：你搞的名堂他不懂而已，没什么大不了的。自己做的很多事情，哪怕世界上 99% 的人都不知道，也无从评价，但是这不代表你做的没有意义。不要用他人的认知影响你自己。你的同行对你的评价才是最有用的也是客观的。别想太多，简单纯粹一些，你就会不一样，行动就会不一样。如果真的遇到自己喜欢的事情，却无法对抗这种家庭和原来系统里的压力甚至是压迫，而放弃自己，这也是当事人付出的巨大的代价。

问：自己做老板后，你的生活常态发生了什么变化？

答：比如今天我在办公做材料，可能需要和政府部门比如工商局打交道，门店的关系可能需要和居委会阿姨协商。我要保证公司的有序运转，公司的员工才能安心做自己的本职工作，公司才能顺畅的运作。学校还要考虑增加门店，开新店表面看起来是蒸蒸日上，但是内部一定会有一个痛苦的过程的，公司规模不同，管理需要升级，不进行整体升级改造，无法支撑更大的运营。这时候就要面对自己突破自己的痛苦，韧劲和信念是对内和对外都要有的精神。

问：用一句话来说说什么时候知道自己的生意做成了？

答：等你忙到事情来不及做的时候就是生意成了。在这之前没有条件创造条件，碰到问题解决问题。

问答精选

喜欢的一首歌：

《Let me fall》

不怕坠落，不怕经历深渊，让生命承接自己，

凤凰涅槃，实现真正自我，沧海横流方显英雄本色。

Let me fall，let me climb

There's a moment when fear and dream must collide

Someone I am is waiting for courage

The one I want

The one I will become will catch me
So let me fall if I must fall
I won't heed your warnings
I won't hear them
Let me fall if I fall
Through the phoenix may or may not rise

推荐的书

《存在主义心理治疗》 欧文·D. 亚隆

这本书围绕着四个“生命的终极问题”——死亡、自由、存在的孤独和无意义，逐一进行深入的探讨，看似复杂的问题却写得深入浅出，是值得多读几遍的经典著作。

工具与练习

生命之轮

故事主人公认为选择创业和做自己想要做的事情就等于转动了一次生命轮盘，不要被恐惧驱使着害怕冒险，转动一次生命之轮，拥抱未来的不确定性，这是生命赋予的礼物。

工具解读：

生命之轮的练习是将一个圆平均分成八等份（职业事业、爱情、家人朋友、金钱、物理环境、个人成长、休闲娱乐、健康）。如下图这八个内容是并列关系。这个练习能帮助自己清晰现状，觉察平时忽略的部分，找出你希望有所改变的内容，然后制定计划，采取行动方案。

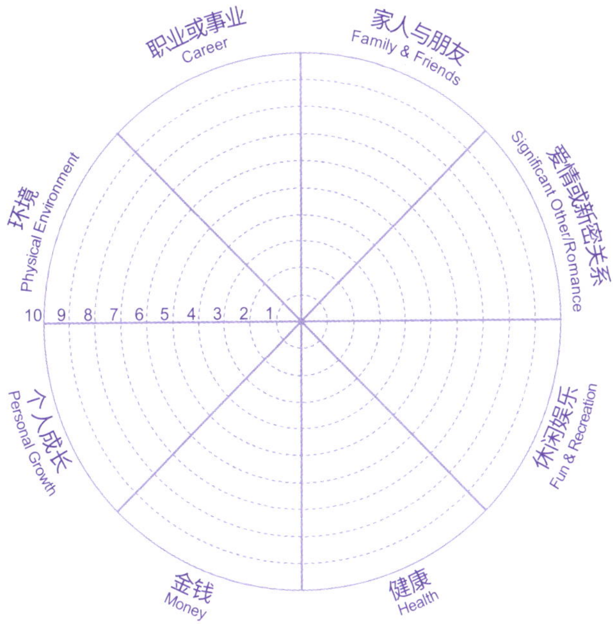

练习步骤：

（人生大致分成 8 个必要的板块，把它以一个轮子的形式展现，1~10 分代表着你此刻对自己的满意程度，1 分为最不满意，10 分为最满意。）

第一步，针对每一个板块，请用自己的第一感觉写下当下感受到的满意程度，用分数来表示。注意这不是给自己贴上标签表示我的人生是几分，而是一个工具给自己回顾此刻的人生。

第二步，撇开所有现实的羁绊，连接一下内心的向往。如果你手中的笔是一支魔法笔，能带你去一个属于你自己的理想中的的一天，这一天每一个板块都是 10 分，请写下来这样一天是什么样的。你和谁在一起、做着什么事情、心境是如何的、你穿着什么颜色的衣服、给他人带来什么样的正向的影响？

第三步，站在这个 10 分的一天的你，你想和刚才打分时候的你自己说些什么呢？人生有什么新的可能性？ 朝着这个 10 分，接下来你想跨出的一小步行动是什么呢？

故事六

从被动到主动，开启爱自己

——大 Yao

曾任跨国高科技企业资深经理

关注过程而非结果，因为活在世上，体验才是全部的证明。

关注过程而非结果是因为活在世上，体验才是全部的证明。

——大 Yao

写在前面

辞职去创业的我见过不少，辞职去环游世界的也有所耳闻。离开这家跨国高科技企业（以下用代名JCN），不愿入职亚马逊、BAT，就是要做财富教练和保险经纪人的不多。

她是谁

大 Yao，坐标北京，她是两个孩子的母亲，相识时她担任 JCN 资深企业咨询经理一职，也正在经历内心转型期。她的声音沙沙的却又很好听，稳而宽广，似乎如她一样能承受任何的可能性。如果你看到她说话时嘴角微微上扬，眼神发亮时你就知道她要冒金句了，她说："尽情地去体验转型对自己的冲击吧，体验选择和不选择对自己心灵的影响。"她说："体会上无边界，下无底线的自由。"

愿意接受采访

大 Yao 辞职的过程大概有 9 个多月，采访她时正是她刚刚交回工牌之际，她无比真诚地和我分享了自己的心路历程，有沮丧和喜悦，也有挣扎与突破，愿对人们有所启发。

请不要忽视自己的暗火，关注自己，聆听自己，聆听这个世界与你共振的声音，让自己的暗火燃烧成熊熊烈火，你一定会走出属于自己不后悔的那条路。大 Yao 的辞职故事就是讲述着这条从忽视自己到关注自己，从拧巴到走出自己的路。

我刚进入 JCN 就知道自己不属于这里，但是我还是干了 12 年

很滑稽吧，进入 JCN 实验室的第一天我就感觉自己不属于那里。

问：什么原因让你最终选择了辞职？

答：当时我在 JCN 做技术，走进实验室的第一天我就觉得我不属于这里。可是我却在 JCN 待了 12 年零 11 个月。其实我当时很想做一个跟人打交道的工作比如销售之类，这种想法产生于 2012 年前，这种想法深埋在内心深处，每每有人离开的时候，或者每次看到外面精彩的事情时都能够撩起我内心的这种想法。

JCN 的前期——强逼自己做不喜欢的事情，快乐是短暂的

我觉得自己可能是被一种评价体系裹挟着。

强逼自己做不喜欢的事情，努力把自己变得更加优秀，它给我带来的快乐是一瞬间的，内心深处却有缺憾。

问：听起来很矛盾啊，你内在似乎是知道自己的想法的，但仿佛自己却有意忽略了？

答：我从小就是别人家的孩子，学霸、争气、听话，习惯了当好学生、好孩子、好员工。我觉得可能自己被一种评价体系裹挟着。比如我的理想专业是设计，而我大学学的却是计算机，学了 7 年的计算机之后就出来做计算机相关工作，虽然内心非常不喜欢，但是又有另外一股劲儿，就是虽然我不喜欢但仍然要做好。我不断用大脑说服自己我要成为技术大牛，即使不喜欢也强逼自己。在我进 JCN 的前两年就逼自己研究技术，但我发现努力可以把自己变得更加优秀，可以快速升职等，但它给我带来的快乐是一瞬间的，过了之后内心仍会有缺憾的感觉。

JCN 的中期——加入了自己喜欢的元素，仍然有扭曲自己的部分在

问：你什么时候开始直面自己喜欢与人打交道的？

答：研发工作干了一阵子之后，我就开始做与客户相关的咨询项目。我印象很深刻的咨询项目是作为首席顾问，担任台湾第一大商业银行研发中心的技术与组织变革咨询。课题非常有挑战，时间很紧张，客户也很挑剔。我带领几个顾问晚上干到凌晨一两点，早上五点多又开始，每天处于疯狂战斗的工作状态。这个咨询项目很成功，我和客户高层也建立了深厚的情谊。在这个过程中，我发现自己非常享受挑战多变的环境，非常喜欢与客户，与不同人的互动，喜欢自己的思想

能够影响更多的人。而我也能感到这种主动撑拉对自己的影响。

之后，我开始有意识地去做自己想做的，承担了更多的企业咨询项目，接触不同行业的企业客户，包括国内客户、国外客户，他们激发了我对工作的前所未有的激情。

问：这个快乐和之前你说的那种短暂的快乐有什么不同呢？

答：从我告诉自己要做计算机界的技术大牛，逼迫自己只跟计算机打交道，到后来承认接纳能力上的不行和心理上的抗拒，最后放下执念。我开始做更多以客户为导向的项目，虽然咨询题目不断地变化，技术在不断地更迭，挑战越来越大，但当与人能够快速建立连接，赢得信任，产生影响，并带领团队攻克一个一个商业挑战的时候，我看到了自己乐在其中的是什么、优势是什么、天赋是什么。这个快乐和之前逼迫自己努力所得的短暂成功是不同的，这让我有更多满足和价值感。

问：你是什么时候发现自己具体的偏好或者说更愿意与人打交道的呢？

答：我从小擅长处理人际关系，组织能力比较好，这天赋早就崭露头角，但是当时学校崇尚的是学习成绩，所以高中老师跟我说：“你不需要做班干部的，你只需要做班级的第一名就行。”然后我就一直听从了这个声音。在我工作时已看不到自己组织协调与人打交道这方面的能力，而对不喜欢的计算机技能却很焦虑，一不小心就让别人或者社会的评价变成了自己对自己的评价，而忽视了自己所长所爱。

JCN 的后期——开始看见自己，敢要自己想要的东西

问：从自我逼迫式的努力到开始追求自己喜欢的东西，你的体会是什么？

答：我是应试教育模式下培养出来的好学生，会做考试题，学校的题目，工作中的题目。我在职场很顺利，像是坐在一辆车上，被运气还有努力推动着，不断向前。但似乎很长时间我都不知道自己真正想要的是什么，或者我想要的东西我是否敢要。

问：什么时候开始敢要自己喜欢的东西的？

答：我被外派在爱尔兰工作一年，那里的环境比较开放自然，文化思想冲击没有让我不适应，反而让我如鱼得水。就如新生，加上有我人生教练 Carol 支持我慢慢地看到自己内心的渴望。学会表达，把自己的渴望和喜欢的东西放在阳光下。以前就是藏得很深很深，心口不一致，非常委屈自己，成全别人，这种个性也体现在我与家人的相处模式上。从一个技术的崇拜者，到承认自己更喜欢与人打交道，更喜欢管理，从开始推三阻四到扭扭捏捏，再到后来完全放开自己，表达自己，爱自己，心口一致，确实经历了一个过程。

耳环的力量

爱自己是难的，要把目光向内看见自己，要把自己的需求表达出来实现出来，要把自己当作朋友一样友善地对待，而她也会赋予你无畏的勇气和动力，它们从生命底层而来，无比清晰，伴你左右，不动摇。

耳环事件后，我又一个人去包头看了一场李宗盛演唱会，花了很多钱，我觉得很爽。

问：怎么才能够做到爱自己呢？

答：每个人限制自己的地方不一样，爱自己的方式也不同。我在职场很干练，迎风破浪，带领团队所向披靡，被大家说是激情女战士。但是生活中，过去的我很难为自己做一些小的选择。

做自己从来不是简单的事情，即使是穿衣打扮，发朋友圈这些简单的事，有时候自我的拘束比囚笼还要坚固。但是当我们勇敢地表达内心的渴望，不再心口不一，原有的“我”就要破笼而出了。

工作 10 多年，我一直保持着短发，灰白蓝黑的职业装束。我还记得共创初级课的同学表达对我的第一印象。职业、理性、善思，但也有人说我：端着、装。一开始我不以为然，后来渐渐发现这些洞察很厉害。我好像的确在端着，优越感、好胜心挟持了我。

一次团建活动，我选择让自己打扮得与平时与众不同。我穿了一条在泰国购置的别具有东方风韵的裤子，V 领上衣，戴着一个 blingbling 的耳环，那是我的第一对大耳环。这些可能对别人来说没什么，但是对于一个只有工作比较少生活的过去的我来讲是一个突破。让自己在生活中闪耀，不用成绩来包裹自己，而只是简单地爱自己。

后来，又有一个人生第一次，我一人飞外地看李宗盛演唱会，爱自己，宠自己，让我开始觉得自由。

5 月，我换了发型，染了发色，也给自己换了个称呼，改叫大姚（大 YAO），英文名叫 Unlimited Yao，QQ 邮箱也改成了同名，寄予自己未来可以没有边界，没有限制（但原则还是要有的）地尝试。未曾想到，更名像是给我注入了新的活动力，开启了我生活的新篇章。我喜欢大家叫我大 YAO。也因为大 YAO，结识了不少对我名字好奇的陌生朋友，有人说名字也给了他们力量。

接下来，我再不像过去吝惜给自己花钱、花时间、花关注，而是鼓励自己，选择令自己怦然心动的商品，挑战不同的颜色，尝试以往不敢的风格。我开始习惯花时间精心搭配衣物，画淡妆，带显眼的耳环，抹艳丽的口红，允许自己把头发留长；再鼓起勇气，带着新的变化走进熟悉的人群，体验走出“熟悉圈”的各种惴惴不安。

问：这个爱自己的变化给工作带来的影响是什么？

答：勇气，爱自己、做自己、活出自己是需要勇气的，这些勇气让我能够在工作中毫不退缩，即便面对一些反对声音，面对别人的质疑也会鼓励自己和团队坚持下去，去做我们热爱的事情。所以从带团队的第一天，我就和大家说，让我们坚信自己要去的方向，转变观念，挑战新课题、新领域、新客户。

第一次辞职——漫长的半年

过了 37 岁，职业对我来说不再是一份养家糊口的“工作”。我想要的是能感觉到自己的存在，以及能迸发热情不断创造的事情。从三月开始想辞职到九月，我进行了很多向内思考，中间经历各种焦虑、低落、疯狂的内在体验，我要的不是简单的换工作，而是一个大转型，敢于去做我想做的事情，让我的工作成为表达人生意义的一部分，虽然想法很坚定，但是我的内心也会有很多忐忑。我始终在问自己：

1）我可以去做理想中的工作吗？

2）理想的工作能赚到更多钱吗？

3）过往的一切我应该放下吗？

这段时间的我就仿佛是一只被关到笼子里的老虎，老虎陷入了恐惧，虽然笼子门虚掩着，但是老虎不敢推。这半年我的脑子里一直想着辞职，早上起床第一件事就想着离职，但是到了公司还得像没事人一样，我再次和我的人生教练谈话时她问我：“你怎么样？”我总是回答：“我还没辞职。”这个状态很难受很沮丧。

第二次辞职——等待生命之风

从阳春白雪的三月，转眼进入了金秋十月份，辞职这件事情在我内心酝酿了这么久，仍未实施，我始终在想别人怎么抬脚就走了，我怎么就这么艰难，那状态就仿佛火箭要发射，但指尖定在发射按钮上就是按不下去。

我内心还是会有各种噪音以及评判冒出来，比如，如果我离开，会不会是对自己团队的不负责任。我发现每当我想关注自己的时候，对于其他人的责任就会冒进来。当我给予自己全然允许和用大量时间做了底层的清理的之后，知道我更要关注的是自己，而不是看别人需要什么。 我告诉自己每个人都扛起对自己的责任，这个世界就很美好了。

我的人生教练的一句话让我放下对自己半年了还未辞职的失望："我们常常认为前进是往前一步，其实很多时候在原地踏步或倒退一步都可能是一种成长。"听完他的话，我就豁然开朗，人也放松下来了，我允许以自己的速度来走自己的转型之路。

另一位西班牙的教练朋友的一句话也触动了我："我看到了一只船，张开了帆，但是你要等你的生命之风，只有当你的生命之风来到的时候，你才会和你的生命之风共同前行。"

问：这里你又一次提到了爱自己，这次发生了什么呢？

答：爱自己，自我接纳，做感恩练习。接纳自己的速度，接纳自己或前进、或原地不动，我感到了自己无比轻松。

然后我心态转变，注意我的“生命之风”、等待我的“生命之风”，有的时候我们会觉得自己的命运全部掌握在自己的手上，但实际上并不是全部，我们有自己掌握的部分，还有一部分是 your life in the wind。所以要唤醒知觉来和那个我们自己之外的世界一起共同创造。

生命之风来了：从科技行业到新的行业的可能性

我寻找到了的人生意义：“我是 Future Designer（未来设计师），我希望通过自己思维的切换，过上健康富足有意义的生活。同时希望能影响更多的人，支持他们过上自己想要的生活。”在那之后，我遇到了很多奇迹，我见到了很多有缘人（之前我真的很难相信他们会来到我的身边），有很多奇妙的工作安排，还去做了很多刺激又新鲜的体验，甚至做了一些被认为是疯了的举动。但这个过程中我想做的事情逐渐浮出水面。

- 不管是以个人教练还是企业教练的身份示人，都能够支持更多人与企业，唤醒更多自我与集体意识。每个人都可以明白地过活，主动选择，乐享人生体验。
- 财富教练和保险经纪人的角色，我希望自己坚定地走下去。希望我自己以及更多人能直面人生的现实，弄清楚与我们都无可逃避的生老病死或是金钱财富的关系，活出自己期望的富足幸福的状态，不枉此生。

我爸爸是医生，妈妈早年身体不是很好，小时候家里经济不好，我从小喜欢承担，所以现在我更希望人们能不为钱所困，不为身心所困，实现真正的自由。我希望自己以及周围的伙伴都能处理好与自己的心灵的关系，与财富的关系，而我愿意为此做出自己的一点点贡献。

问：最后让你实施辞职的契机是什么？

答：是勇气。有一天我坐在地铁上读《了不起的自己》，其中的一段文字令我感受到了强烈的共鸣，我感觉到整个胸腔都在颤抖。我的身体也在告诉我一直在寻找按下辞职按钮的时机此刻来到了。

我看清了限制自己当下的就是自己，我要允许自己清零，表面上是我清零20年的计算机专业生涯，去开启一个全新的行业。背后清零的是自己引以为傲的过去以及身份。我现在有勇气从一条平坦的国道上下来，转向一个崎岖的小道，因为那片生机盎然的丛林秘境才是我所渴望的！

我是3月30号离开JCN提交工牌的，该做的我都做了，心怀感恩地离开，可以说我为我的一段人生画了一个圆满的句号。故事讲完了，现在回头看看我自己的成长路径，实际上是一个被动到主动选择的过程。

问答精选

问：辞职以后后悔过吗？

答：某一些瞬间，可能也会想如果选择干本行是不是会更好，但也仅仅是一瞬间而已。如果我们只关注目的地，各种焦虑都会来，但每一时刻本身就是一种特别难得的体验，很珍贵，所以我不后悔。

问：此时此刻你有什么样的感受呢？

答：在寻找自己意义的过程中，我酣畅地享受做自己，活在意义里的内心喜悦且满足。尤其是当允许自己全然尝试、无畏探索的时候，我越来越清晰地看到了自己内心的小孩，她双眼清澈，充满好奇与不羁，整个世界都是她的游乐场。

问：如果现在面对一些职场新人，你有什么样的建议给他们？

答：不管选择什么样的公司与什么样的人去打交道，要感激所有的经历和经验，有一些经历在当时往往并不代表什么，但回头去看可能就是宝藏，这个宝藏在未来的某一个时间会打开，让你有不同的感悟与感触。

另外做好一个告别对于一个新的开始很重要，不管是生死的告别还是一段关系或者一份工作的告别都要认真对待。

问：有没有喜欢的电影推荐给大家呢？

答：记得去年年初时我的一个朋友推荐给我一部电影叫做《白日梦》。我觉得每个人都值得去做白日梦，白日梦为何不能照进现实呢？我们要有把白日梦实现的勇气。

问：有没有书推荐给大家呢？

答：《向前一步》《转行》《可能性》《了不起的自己》等等，当你知道自己需要什么，发出这个信号，那些合适的资源包括书籍，以及支持到你的人就会来到你的身边。

工具与练习

故事主人公大 Yao 说到要感激所有经历和经验，有一些经历在当下往往并不代表什么，但回头去看恰恰是宝藏。感恩练习也是和自己连接的一个方法，爱自己的一个方法。愿你在做这个 30 天感恩练习时能够培养发现生活中美好事物的能力，减轻压力，提升幸福感和满足感。

30 天感恩练习：

感恩的意思就是心怀对身边的事物保持着一种感激的心态。

你可以自己做这个练习，也可以与你爱的人共同完成，比如爱人、子女或者是父母、兄弟姐妹。共同表示对生活的感激可以让彼此关系更加亲密和谐。这也是爱自己，自我关怀的练习。

1. 今天你感恩闻到的什么样的气息气味呢？
2. 你感恩什么科技呢？
3. 你感恩什么颜色？
4. 你最感恩什么食物？
5. 你今天感恩听到的什么声音？
6. 你感恩自然界中的什么物质？
7. 你感恩的一段回忆是什么？
8. 你感恩的一本书是什么？
9. 你感恩去过什么地方？
10. 你感恩今天什么味道？
11. 你感恩哪个节日？
12. 你感恩哪种触感？
13. 你感恩自己拥有的什么能力？
14. 今天你感恩看到的什么情境？
15. 你感恩哪个季节？
16. 今天你感恩自己身体的哪一部分？
17. 你感恩你拥有的什么知识？
18. 你感恩什么样的艺术？
19. 你感恩今天触碰到的什么物件？
20. 你感恩生命中出现过的哪个人？
21. 你感恩听到过的哪首歌曲？
22. 你感恩听到过的哪一个故事？
23. 你感恩你家乡的什么风俗习惯？
24. 你感恩遇到过的哪一项挑战？
25. 你感恩一周中的什么时刻？
26. 今天你感恩哪一位朋友或者同事呢？
27. 日常里有没有一件小事让你心怀感恩？
28. 今天发生的事情里有没有一件是你所感恩的？
29. 今天你感恩哪一位家庭成员呢？
30. 你今天感恩自己拥有的哪一项天赋或者技能呢？

故事七

相信相信的力量

——薛 慧

生命探索者

相信相信的力量，勇于探索，充满大爱，拥抱世界的中国女性。

Trust the Universe. Just Be.

中文：活在当下，相信相信的力量，一切都是最好的安排！

——Henna

【关于 Henna Xue 薛慧】

✤美国认证专业共创式教练

✤400+ 小时教练时数

✤曾在知名世界 Top3 科技公司担任亚太区项目经理（新加坡）

✤十多年跨国项目管理咨询经验

【为什么采访 Henna？】

初识 Henna 是在一次公益活动，Henna 是该活动的组织者和策划者。当时新冠疫情在中国刚暴发不久，大家开始觉得有些担心和害怕。远在新加坡的 Henna，特别能体会国内同胞的感受，她满怀热忱地投入到这次意义不凡的公益活动中。这场由 Henna 组织、操办的活动非常成功，很多人生教练（Life Coach）都积极参与其中，大家不计个人得失，义务帮助很多在疫情中遇到困扰或痛苦的人们。而这次活动给我留下最深刻印象的是活动结束后，Henna 开了将近 3 个小时的复盘会议，并制作了一份令人眼前一亮的 PPT。那份 PPT 超乎我的预期，我没有想到一个完全出于个人自愿的公益活动，能做得这么细致、用心。我能感觉到这背后不仅仅是 Henna 追求卓越、高水准的职业素养，更是她对每个生命和世界的满满的大爱。

Henna 现定居新加坡，她是一个向往国际化生活、喜欢体验不同文化的中国女孩。目前，Henna 已经去过 30 多个国家，她说旅行最让她着迷的是探索人心深处。

为什么写这本书？

想写这本书，最初源于看到一位教练朋友从 IBM 辞职。她从想辞职到最后终于完成辞职，经历很长的一个过程。这让我想到很多人都有辞职的经历。有的人，辞职很快，从一个岗位换到另一个岗位，收入可能更多了，职位可能更高了；也有的人，辞职很慢，经历漫长的思想斗争，这种多半是要开启一种全新的生活方式，需要更多的勇气。不论是哪种，一般辞职后，大家可能会吃顿散伙饭纪念一下，然后呢？我特别好奇，辞职背后更深层次的东西是什么？我想大概是个人自我探寻的一种方式，每个人都想寻找更好的自己，想挖掘、探索某些自己还没有感知、发现的东西，这些故事值得被听见。

我学习共创式教练，并在业余时间做教练。出于这个发心。我想更了解自己，追求自我、实现蜕变；同时也是出于对生命的热爱和好奇，想支持更多人了解自己，明白自己真正想要的是什么，支持大家活得更精彩。

你有没有向往过到不同的国家工作和生活？
而后你付诸行动了吗？

很多人，特别是在初入职场或者还未成家生子之时，都向往到不同的国家、地区去工作，体验不同的文化，探索未知的世界。我也是其中的一员。我出生于上海，从小在中国长大，但更向往走遍世界，做一个全球旅行者。我对外面的世界充满好奇心，想体验新事物、探索世界，渴望自我探索和成长。

回想起自己辞职、跳槽的经历，不知道是不是机缘巧合，每一次换工作背后最直接的驱动力就是去一个新的国家。毕业后我的第一份工作是一家公司的管培生，加入那家公司一大半原因是有机会获得去新加坡和日本工作的机会，当时非常开心。因为我本科是学日语专业的，一直很想去日本留学，第一份工作做了几年之后，我就申请了去日本留学。其实已经签了留学合约，但后来刚好有一个去出国工作的机会。考虑到经济因素，就在留学出发前，临时决定不去留学，改为直接换了一份工作，世界很大我想去看看的梦想就像一粒种子埋在心底，会慢慢萌生、发芽。

投出 1000 份简历，终于实现了去新加坡工作的梦想

想去其他国家工作的想法，在我心里不断地萌生，让我感觉每天蠢蠢欲动，于是我锁定新加坡为目标，开始行动。我当时大约投了有1000 份简历！其实，很多在新加坡工作的中国人大多是在那边留学然后就业，也有朋友推荐，或者是某个国内公司外派到新加坡工作，象我这样两眼一抹黑，全凭投简历被录用的非常少。

我感受到如果你特别想做成一件事，哪怕是用了错误的方法，也有可能会做成。其实我当时投简历是毫无技巧的，可以说是采用了错误的方式，而我后来能被录用，也是“瞎猫碰到死耗子”。当时这个行业的猎头挑选候选人，一般都会从本地的候选人中选择。大家一看我留的联系方式是非新加坡境内的电话，绝大部分招聘者都会直接忽略我，去看下一个候选人。我想这也是我为什么投了 1000 多份简历，才被录用的一个重要原因。

我真的非常幸运，碰到了一个刚到新加坡工作的猎头。因为她刚从印度到新加坡工作，不太了解当地的情况，歪打正着看到了我的简历，直接打电话给我，预约面试时间。然后，整个过程非常顺利，我经过仅仅一次、一小时的面试，就被录用了。我去新家坡工作以及体验生活的梦想就这样看似很容易地实现了。回想起这段经历，我一直

这样总结：念念不忘，必有回响。只要你有梦想，这梦想够强烈，很有可能会发生奇迹。

无知者无畏！在家乡上海崇明岛成功举办静修营

无知者无畏！我非常喜欢这句话。我发现自己一旦想做什么事，就会不计得失地一头扎，全力以赴去实现自己的梦想。崇明岛的静修营也是如此。

我在新加坡工作了几年之后，有很多感悟，也学习了教练技术，感觉自己经历了很多有意义的瞬间，我认为自己比以前活得更自在、更快乐，也比以前活得更明白。于是我萌生了要把我内心的感悟、成长，带到故乡的愿望。我看到在北上广一线城市，有很多非常努力的人，可是他们真的快乐吗？他们看到自己的内心了吗？看到了自己的内在价值吗？特别是在结识了两位有趣的新加坡教练和培训师朋友，也是两位很厉害的老师后，我的这种愿望就越来越强烈。

静修营就这样应运而生、蓄势待发。在接下来的日子里，我整个人的全部身、心、灵都投入到这件事上。我也不知道自己哪来的那么大的力量，那是一种持续、流动的能量和动力。我穿梭于新加坡、上海市区和崇明岛三地。经常是早上 5 点下飞机，直奔医院去陪妈妈看病，然后周末在上海见朋友，约谈创办静修营的事；我那半年在上海认识的新朋友，比之前好几年认识的都多。当时的我就是那种打了鸡血的状态，乐此不疲，感觉自己充满了力量。

后来才听说，曾经有位美国知名的老师，也想在上海做静修营，但是最终没做成。现在想想，当时就真的是无知者无畏的我，居然做成了大师都没实现的事。

其实从筹备到成功举办这个周末的静修营，我们也遇到了很多困难，比如说，宣传招生。很多朋友建议我们写宣传文案的时候突出愉快的人生体验。可是我知道，静修营并不是件完全愉快的事。你可能因为更了解自己，会想去结束过去的某段挺复杂的关系，比如辞职、分手等，这并不容易，甚至可能是痛苦的，但是这些都很值得，是生命中需要拥抱的！打破过往需要勇气！为了坚守初心，所以我们没有修改文案，初期招生并不顺利。但是，在临近开营的最后1~2周，我们居然就招齐人了。这让我再次感受到了相信的力量。只要你真心地想做一件事，世界都会来帮助你。如果没有做成，要么是时候没到，要么就是那并不是你真正想做的。

当然困难不止一个，选址也是件很挑战的事。我们想选一个特别的地方，希望有品位、有意境，但是价格还不能太高，这要求本身就很矛盾，环境特别好的场地大多都价格很高。我看了很多地方，都不合适。终于有一天，有位朋友给我介绍了家崇明岛的民宿。我还记得，那天去选址是我爸开车带我去的，一进那家民宿我就特别有感觉，小桥流水、古树、一砖一瓦都和我脑海中的画面很融合。民宿的老板也给我留下了深刻的印象。他问我们为什么要办这个静修营，我们希望给大家带来什么？他提出的问题本身就很打动我，我觉得就是他，就是这家了。老板是一个不太计较成本收益的人，他更在意的是我们的初心和这件事情的意义。我再次感觉到了幸运，可以结识和自己这么有共鸣的一位老板，找到这么理想的场地。

由于民宿房间有限，只能把房间留给了静修营的学员，自己住到附近的一个农家乐，从农家乐走到民宿大概要15分钟。我清楚地记得开营那天下着小雨的清晨，我和静修营的两位老师，走在有些泥泞的乡间小路上，一边走、一边在发抖，因为一直生活在新加坡，还不太适应崇明清晨小雨的寒意。伴着淅淅沥沥的小雨，周围还有些黑漆漆的、看不太清楚四周的风景。但路旁的田园里有鸡犬相闻，越走天越亮，让我感觉这条乡间小路，仿佛就是我们的通往梦想之路，我们就走在通往梦想的路上。我觉得这就是个奇迹！念念不忘，必有回响。只要相信、坚持，就能把自己想做的事变成现实。那时我想感谢天、感谢地、感谢世界的神奇，感恩我遇到的合作伙伴，能和喜欢的小伙们一起工作，感恩大家带着爱支持、理解、鼓励我，帮我实现了自己内心渴望做的事，实现了我的又一个人生梦想！

在世界 Top3 科技公司工作的日子

回想起我在这个大家都知道的公司工作的日子，那时我是部门里年纪最小的，也是英文最差的一个。以前不论我在工作单位还是学校，各方面都还是挺优秀的，可是到了这里，我瞬间有了很大落差。感觉身边每个人都是我学习的榜样。我只有咬紧牙关，努力工作。感觉那是一种掉头发式的努力。一边要努力把工作做到极致，同时还承受着来自周围优秀同事的无形压力；另一边还要兼顾好生活，要参加各种社交活动、各种 party，还要健身、瑜伽、周末旅行。

那段时光，我记忆中印象最深的有两件事。一件是我记得那时的背包特别重，里面有很多东西，有化妆包、笔记本电脑、电脑电源、运动鞋、运动衣……背包很沉，感觉压力也很大。另一件事是我参加同事生日 party 的场景。高强度工作了一整天已经很累了，但是大家还是能量满满地投入到下班后的 party 中。其间还要到吧台去查收邮件、继续工作，完成紧急工作后继续 party。那时的生活对智力和体力都要求很高，可以感觉大家最后拼的其实是体力。

现在回头看，有点心疼当时的自己。当时的自己和同事们，好像都停不下来似的。我觉得大家内心都有钻石，但自己看不到却一直向外找，没有停下来向内看。大家被外在的新项目、不断的升职所驱动，被外界牵着走。工作上确实得到了很多认可，有成就感，但除了工作还有什么？如果停下来，离开了工作，我又是谁？我真正内心渴望的是什么？

当时我勉励自己的一句话是：情绪是无用的，要一直向前。我认为有情绪是弱者的表现，工作要的是结果，要时刻展现自己最好的状态。但人的本质是这样吗？上天的本意是要我们活出自我，找到真正的自己。所以，我现在不再会对自己说这句话。

现在，我深信生命中的每一段经历都是礼物，都有价值，都有缘起，都不是虚度的。如果没有这段工作经历，我也不会有如此强烈的探索生命的渴望。对生命、自我的探索，就像小马过河的故事一样，别人的经历、经验，不见得适合你。你听别人说的再多，经过多少分析和推理，都不一定适合你。只有自己内心觉得对的事,才不要犹豫,要勇敢地去经历。自己勇敢地踏入“那条河”,在对的时候,上天就会给你对的信号。

上天给我的信号就是 Life Coach(人生教练)。我觉得自己很幸运参加了一些培训，结识了一些人，其中一位老师说我有做 Life Coach 的潜质。我当时根本不知道什么是 Life Coach，可正是这句话打开了我新的人生。如果不是结识了 Life Coach，每天就仅仅是忙于工作、甚至是疲于奔命，我会觉得自己这一辈子就白活了。Life Coach 启发我和自己的内心连接，我开始认真思考我快乐吗？我内在需要什么？我的内在丰盛吗？

感谢自己的好运气，有幸了解而后成为了 Life Coach(人生教练)，让我的人生从此更加丰盛、精彩！我踏进了我的那条河，我开始探索生命，更了解自己，并决定继续在这条路上探索 ...... 我相信世界是善意的，每个人都有自己的好运气，只是运气来的时候，你是不是抓住了？

什么是真正的女性魅力？如何绽放女性魅力？

我一直对探讨女性话题很感兴趣。中国传统文化中，美丽的女性有些都是邪恶的化象，比如各种妖精，如狐狸精等等，又或是被形容为红颜祸水或者红颜薄命之类的，而被大众广为称颂的女性形象大多是慈母贤妻、无私奉献的那类。身为中国的新一代女性，我们该如何能绽放自己的女性魅力呢？

我记得小时候读西方的童话故事，男主角一路披荆斩棘，充满勇气和男性魅力，最终一定能救出充满女性魅力的公主。这里，我也感觉到了东西方文化、历史的差异。而在当今这个飞速发展的新时代，社会对女性又有了更多的要求，不仅仅是上得厅堂，下得厨房，还有更多。有人打趣说新女性要“上得厅堂，下得厨房，杀得了木马，翻得了围墙，开得起好车，买得起好房，斗得过小三，打得过流氓”。我觉得这是女性在新时代的新压力和新束缚，实际上理想状态应该是男人和女人都能展现出自己应有的样子，自己特有的魅力。我很欣赏巴黎的女性，她们总能给我一种展现女性真正的美的感觉，不是强于男性，不是现在流行的网红。她们敢于活出自我，活出自己的个性，优雅、大胆，同时敢于展现自己女人味的一面。当然，我不是说每个巴黎女性都是这样，我只是觉得巴黎女性能给我这种感觉，或者说她们是这种感觉的一个代名词。

什么是真正的魅力女性？我觉得这是每个女性都应该思考的问题。也希望每个女人或女孩，都能绽放出自己特有的女性魅力。其实，男性也是一样的，也要思考一下什么才是真正的男性魅力？这样才是世界该有的样子，我相信世界也会因此而更美好。

问答精选

Q：您最喜欢的一首歌是哪首？

答：《Visioni》是我喜欢的歌曲之一。感觉自己灵魂深处不知道哪里来的一种淡淡忧伤，可能生而为人，注定要走一段路，才能活出自己的生命意义。也说明了我们注定有一段时间是和生命意义隔离的，而趋向于活出自己是一个常态。歌曲中忧伤里带着幸福，感伤里带着深邃，快乐、难过等情绪都是交织着的，滚烫的血液和疏离的状态也可以同时存在，这些东西在欢乐的歌曲里没有，而每每听到这首歌，仿佛一部分真正的自己在呼唤我。

Q：如果给职场新人一些建议，您会说什么？

答：喜欢一件事，认准了就勇敢去尝试。我认定了一件事，就会很投入，“两耳不闻窗外事”那种状态。我学习 Coaching（教练技术）、学钢琴、办静修营都是这种特别投入的状态，感觉自己全身心都沉浸其中。我相信全力以赴地去做一件事，就一定能实现想要的结果，要相信相信的力量。

Q：你和职业的关系是什么？

答：职业是表达自己人生的一种方式、一个平台。我不认同工作生活要平衡的说法，仿佛生活的自己和工作的自己是割裂开的两个人似的，其实我们就是我们自己，做自己的力量是最大的。

Q：你最喜欢的一幅画是什么样的？

答：这幅画是我 2019 年 1 月买的，它代表一个再也回不去的自己的时代：甜蜜甜美、纯真无邪，梦幻的过去。2019 年 5 月到年底，我经历了人生中的最痛苦的危机，也经历了完成自己梦想的幸福，这些重大的人生变化彻头彻尾打碎、重塑、熬炼了我。我大概从未这么艰苦过，也从未觉得活的这么有价值，也不知道自己原来可以这么坚强。

Q：你最有共鸣的一句名言或一段话是什么？

答：Trust the Universe. Just Be. 这句话我非常喜欢！我想把它翻译中文就是：活在当下，相信相信的力量，一切都是最好的安排！这句话始终激励着我，一方面要相信自己努力的方向，对自己选择做的事情充满信心。同时，要努力把握现在，做好当下该做的，接下来就是顺其自然地静待花开，相信一切都是最好的安排。

工具与练习

Henna 曾经是个乖乖女，妈妈和老师都特喜欢的那种好孩子、好学生，她也不会拒绝别人。后来，直到接触到人生教练，Henna 才意识到自己看似完美的人生，缺失了对真实、内在自我的关注，她渴望找到并充分享受自己内在的 wildness（野性），活得淋漓尽致、绽放生命！

如果你也渴望自己的生命绽放，希望活得更自由、洒脱一些，你需要先从自己的“问题”下手，看看你是哪个类型，为什么你总是难以拒绝他人？先发现、看到你内在的“敌人”，你才能击败它。

测一测你是哪种类型，为什么很难 Say No？（共八题）

老王拿着酱油来问我借螃蟹，我又说了“好的”。
小伙伴们你们最近一次 Say “No” 的经历是什么呢？或者让自己很想拒绝，捍卫自己边界的事情是什么呢？

测测看你是哪种类型——为何总在不该答应的时候说“好的”。

1. 老板给了个升职不加薪的机会，多了很多的工作量，给了个稍微好听点的头衔，薪资未变。你就这么接纳了。因为：

a）我不喜欢让自己看起来不懂感恩，不识好歹。

b）我真的挺在意这个头衔的，印在名片上好看多了。加薪么，我等下次，我一定能拿到加薪的，急什么。

c）如果我为了更多钱和老板谈判，说不定整件事儿都黄了。

d）如果他们能给我加薪他们肯定加了，对不？他们不加薪我猜是条件不允许。那就算了吧。

2. 朋友临时邀请你今晚陪他去一个超级华美的私人活动。你本不想去的，但还是鬼使神差地答应了。因为：

a）我不想让朋友孤零零地去。

b）我就挤一挤我的日程安排吧。挤一挤就忙点，也没那么难。

c）也许日后有一日我想去这种活动了呢。如果今天我拒绝，以后他就不叫我啦。

d）我习惯了自己没有立场，或者立场不定。

3. 同事因为自己忘记准备，临时让你做个演讲，却没给你足够的准备时间。你挺不开心的，但是你还是答应了。因为：

a）“乐于助人”是我外号。

b）这就是我呗，帮别人擦屁股的事儿我老干，他们没能耐是他们的事儿，我有能力就能者多劳。

c）万一有一天我也有难处了需要帮忙呢？

d）我也不知道为什么答应，但是拒绝让我觉得好为难。

4. 你孩子的老师找你来帮忙她做班级旅行协助者。你其实没空因为你有一堆别的事儿，但是你还是答应了。因为：

a）我讨厌看到别人为难。

b）我肯定有办法搞定的，不就是一些安排和统筹的活儿么。

c）我怕我万一看到别的家长去了而我没去。他们肯定会发很多好看的朋友圈照片。

d）我也不知道为啥。可能是因为这老师语气让我觉得挺友善舒服的。

5. 一个优质客户但是也是挺难搞的人让你完成一个大项目，但是给的时间实在太短了。你知道肯定会是个痛苦的项目，但是你还是同意了。因为：

a）我想让他开心满意。

b）“Ridiculously tight deadline” is my middle name。

c）如果我要求延迟交付期，他给别人做这个项目了怎么办呢？我会失去这个客户的。

d）我以前从来没拒绝过他们，我也无法在此刻拒绝他们。

6. 你有个朋友总是期望你能陪着她，尤其当她搞糟了事情，因为她总是做出错误的决策。这次是这几周里的第三次了，你看到她来电，很想把这电话转到语音留言，但是你还是接了电话。因为：

a) 如果我不接电话，我会内疚。

b) 我想自己是一个好人，常常能在我朋友边上帮助她，不管我是不是忙得要飞起来。

c) 如果我不接电话不帮她，万一这次我能真的帮上忙搞定这团乱麻呢？

d) 比起解释为啥我不接电话，接电话比较容易。

7. 同事邀请你下班后去喝一杯。你已经累坏了，但是你还是答应去了。因为：

a) 我不想让他们觉得我不喜欢他们（即便我还真不喜欢他们）。

b) Sleep is for the weak! 弱者才爱休息和睡觉！

c) 说不定这是个很好的社交机会呢？

d) 我还是答应吧，他们会一直说到我答应为止。

8. 父母决定春节去西伯利亚家庭旅行。你自己本来计划去巴黎的，但你还是取消了自己的计划答应了父母。因为：

a) 我不想让他们不高兴，怕伤害他们的感情。

b) 如果我现在多加班，说不定我能把两个旅行都安排上。

c)万一这是最后一次机会呢，父母毕竟老了。

d)家庭决策里，我总是最没有决定权的那个。

A最多：取悦型。希望大家都能喜欢你。为了被他人接纳或喜欢，愿意帮助、取悦别人，而忽略了自己的需求，时间长了会引发怨恨。

B最多：高成就型。通过繁忙和成就获得尊重和自我认可，特别依赖于内在的成功，有些工作狂，这种不可持续的高强度工作往往让人忽略自己深层次的情感关系的需求。

C最多：永不疲倦型。对目前所做的事情总是不太满意，相信下一件事会更有激动人心。不喜欢舒适安全，喜欢追求刺激，逃避不好的情绪。很容易被干扰，注意力很分散。

D最多：盲从型。跟着别人的决定走，没有真正关注自我内在的声音，盲目跟随他人。

故事八

热爱自由、尝试，体验工作的N种方式

——Elva

白领精英的逐梦之旅

热爱自由，勇于探索：国企、外企、甲方、乙方、创业、自由职业，体验工作的N种方式。

好的职业是你向前探索新可能的支撑和土壤，而不是舍不得放下变成梦想的负担和阻碍。

热爱自由，勇于探索：国企、外企、甲方、乙方、创业、自由职业，体验工作的 N 种方式。

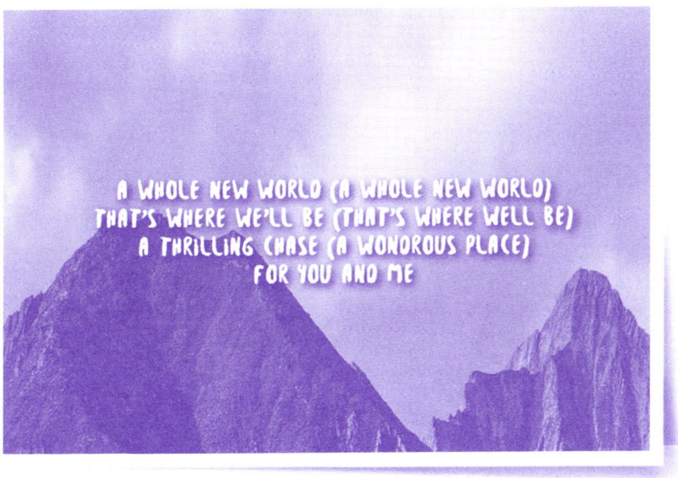

人的生命只有一次！不要辜负它。

– Elva

写在前面

在我采访Elva的时候，我在新加坡，她在北京，通过电话，我感受到她的声音里有一种冷冽，好比是一个幽谷边的宽阔的湖面，给人来带平静与清醒。而和她相处之后，便知这湖面之下，有如此多的彩色宝藏，仿佛湖底的钻石折射出万丈光芒。

她是谁

Elva 表面看起来很温柔，但内在是个热爱自由、勇于探索的人。她毕业于直属中国外交部的外交学院，为了爱情又去澳洲留学。我喜欢她每次职场上华丽转身的轻盈与勇气，喜欢她敢于相信、勇于一次次地追求理想。

如果你现在工作不快乐，不觉得满足，但是别人都说放弃太可惜，你自己也有点犹豫不决，那么看看 Elva 的故事，相信能给你一些自己的新思考。毕业后她放弃了当大学教师的机会，踏上了自己的梦想旅程，在日内瓦的国际组织工作过，担任过高端峰会的同声传译，外资银行 PR（公共关系）经理，做过美容院的老板娘，创立过儿童俱乐部。这一个又一个完全不同的职位和身份，也代表着一次次的放下，一次次的重新出发。不管是铁饭碗还是金饭碗，她都有勇气用轻松自在的心态放下，带着相信和勇气迈进下一个梦想。

愿意接受采访

人的生命只有一次，不要辜负了它。勇敢地去拥抱下一个想要的生活，勇敢地往前踏往前走。

勇气不单单是敢于去说不与放下，勇气更是敢于去拥抱自己想要的。“Courage is not to quite what you have；courage is to embrace what you want。”面对父母的压力、家人的不确定、同事朋友的劝说，她是如何一次次放下手中的金饭碗去踏上未知路的呢？是个性使然，还是运气有加？她内心的信念是什么呢？

外交梦的浪漫与现实的骨感

梦想很浪漫，现实很骨感，这又如何？

没关系，守护自己的憧憬，现实世界自己可以改变，去创造。

我们是自己希望的未来和梦想的积极参与者。

“外交”这个词对我特别有吸引力，我曾幻想外交领域的人才不但都很优秀，还都长得特别好看，然后又特别多才多艺、样样精通，有点像007的那种感觉。在我接触一个事情之前，总会把它想象得特别美好，预期非常的高。但是等到我真的接触之后，因为我的预期太高了，所以也会有失望。

问：像007，又好看，又能干，能去到不同的国家去体验不同的生活？

答：对，就是因为这个心中的梦想或者说是幻想吧，外加当年信息渠道有限，并不知道外交学具体要学什么，我就特别坚定要学外交。那时心中的热忱可以说是势不可挡，我感觉一个完美的人生就是那样的：很智慧，又漂亮，又可以随心所欲的生活，各个方面都很前沿，我当时想象的外交官生活就是这样的。我甚至觉得学外交该是学芭蕾、品红酒、开飞机。结果等我到了学校之后，发现除了英语就是政治。政治基本上就是学各种外交史，新中国外交史、国际外交史，还有国际法什么的。外交学是一个法学学位，需要学很多法律、政治方面的课程。其实我并不讨厌政治和法律，但当时是有一点失望的，和我想象的不太一样。

问：你喜欢的生活的样子挺让人心潮澎湃的。

答：我觉得当时可能也是年轻吧，也没有做过很多的调研。但是不管怎么说，我们学校特别好的一点是它的教学质量很好。虽然它没有清华北大有名，但是外交学院其实是挺难进的，大部分是高考提前批次录取的，有的同学考分比清华北大的录取分还要高。当年学生毕业，100% 都能找到好工作，这是很多名校也无法企及的。我的很多同学毕业后选择去外交部工作，他们大都对这份工作很满意，而我算是个特例，我内心渴望一份更时尚、更自由的工作。

进外交学院的梦想成真了，现实并不是如她年少时心中对 007 生活的憧憬。但是她自己内心对喜欢的生活憧憬一直都没有变，而骨感的现实也更让她为自己所要的生活酝酿着未来。

放下大学老师的机会追求同声传译的梦

我很清晰自己要什么不要什么。

这份清晰仿佛让她天生不怕错过，在谈话中感受到当年作为一个刚毕业的大学生，她对放弃大学老师这个机会说得轻描淡写，但轻盈的背后是她内心的笃定。

毕业前第一次开始找工作，我坚信“只有找到一个挚爱的工作，你才能做得好”。

当时拿到的offer里面有一个就是当大学老师，我好像跟大学老师特别有缘。此外，还有一个选择是当翻译。

当时看了很多职业辅导和测评的书，经过测评还有自己的思考，觉得自己其实挺喜欢当翻译的，当时觉得翻译还是一个比较时尚、个性的工作。这份翻译最吸引我的地方是工作几个月之后就可以去瑞士日内瓦工作，所以刚毕业就选择去那儿了。

问：在找工作上，你挺清楚自己要什么与不要什么的，自己的愿景也很清楚。大学生那时候是怎么那么清晰的知道自己不喜欢做大学

老师，而想要做翻译的？

答：我会做一些测评，看看我喜欢什么，适合什么，它测出来的和我喜欢的重合的工作有一个就是翻译，所以我就把翻译当作首选。大学老师是因为当时怕找不到工作，所以也去一个大学应聘了，也拿了一个 offer，其实就相当于一个保底的，怕到时候一个工作都没有。但后来家长们知道以后还是觉得大学老师更好，他们觉得一个女孩子当个大学老师多好啊，又不用坐班什么的。

问：的确，在父母那辈看来大学老师是大家梦寐以求的岗位。你怎么就放弃了呢？

答：一方面我不太想当大学老师，我当时感觉那种生活太循规蹈矩了，我渴望更多自由。另外一方面当翻译的话我可以直接去日内瓦工作，我想体验在不同国家工作和生活，所以我就没有选择当大学老师。我很清晰自己要什么不要什么。

一旦自己想要的东西清晰了，世界再纷繁复杂、诱惑压力再多，仿佛与你也不再相关。

卸下同声传译的精英光环，去澳洲深造

想离开现在的职位？还是在现在的某个工作环境中感到不

适？在怀疑自己为什么与众不同，为什么不能顺从地跟随大流？请聆听一下自己，给自己内心渴望的诉说以机会。那个让人感到痛苦的地方，常常也是你的宝藏所在的地方。你可以借此机会看见它，它可能正在被某种价值观碾压，而你不是被害者，因为你永远可以对自己人生做出选择。

Elva发现了三个自己的宝藏：自由、真实、创造的热情。这也是她的价值观所在。为了尊重这些宝贵的东西，她又选择了离开同声传译这份令人艳羡的工作。

“那种体制内的氛围，平时上班都要谨言慎行，让我觉得很不舒服，发现自己还是挺渴望自由的。”

“工作满五年，当时单位还可以帮忙买房子。但是当时我觉得无所谓，干嘛因为一套房子把自己绑在一个地方。所以，我丝毫没有犹豫就去澳洲留学了。”

问：做同声传译的都是怎样的一群人？

答：我们工作的时间比较短，但有个例子可以证明同事都很优秀。有一个国际口译协会叫AIIC，当时全中国不到20人，我们单位就有近十人。不过我不是会员，我当时刚工作，积累还不太够。会员要求至少有500小时的同传积累，而且必须是做会议同传的时间积累，平时练习不算，所以还是挺难的，要工作挺长时间的。

问：这么精英的团队，为何又想要离开呢？

答：我觉得翻译工作本身我真是蛮喜欢的，但是我感到并不适合它的工作氛围。体制内的单位，平时上班需要谨言慎行，而我当时特别有棱角，这让我觉得很不舒服。比如说，当时我特别喜欢穿牛仔裤，但是工作时间这样的着装是不被允许的。有很多类似的冲突，我就觉得被限制、被压抑，更加感到自己还是渴望自由的。

问：可能少一些表达自我的空间。

答：对，大家都不怎么说话。我挺有棱角的，我不高兴时还是会表达的，可能那种高情商的人更适合这样的工作。还有一个原因是当时刚工作嘛，满腔热忱，希望能大干一番，但是当时整体的工作节奏相对我想大干一番的冲劲是很慢的，我觉得大好的年华都荒废了。

问：这三个点被碾压都挺致命的：自由、真实、满腔热血想创造。

答：对。领导们可能觉得你太心急了，觉得刚毕业还是应该多学习。但是我觉得自己既然工作了，就要大干一场。其实后来机会是越来越多了，但是我也决定要离开了。

问：你还记得具体的事件吗？就比如说你刚刚说的真实或者自由，可能并不受欢迎的。

答：我记得我们当时的一位领导和我说不能穿牛仔裤上班，我就特别不理解，还反问他为什么不能穿。其实这种问题，一般人都不会问。我就是当时太有棱角，过于率真。我的裤子当时基本上全是牛仔裤，而且我当时觉得牛仔裤特美。当然如果有正式场合我觉得可以穿正装，但是没有必要天天穿正装啊。我就问他为什么不能穿，我忘了他说什么了，反正他也说了他的理由。我的意思就是说如果有活动，比如说帮领导做翻译什么的，那我肯定是要穿正装的，但平常自己上班为什么不能穿牛仔裤呢？我还跟他说美国总统很多时候还要穿牛仔裤呢。这句话给他印象特别深，后来就被他引用成了“名言”。反正整体工作氛围还是有让我感觉不适应的地方，但是工作内容本身我还是挺喜欢的。后来工作了一年多就辞职了，除了上面提到的原因，还有个人原因就是我先生，也就是当时我男朋友要去澳洲了。我本来就对工作氛围不太满意，身边又少了一个重要的人，就觉得更难受了。他当时也问我要不要一起去，我就特别坚决地辞职跟他一起去了。但是父母比较反对，他们觉得我工作挺好的，还有去国际组织工作的机会，收入不错，又很稳定，还不太忙，总之父母觉得特别好。还有一个特别吸引人的优点就是分宿舍，工作满几年还会帮你买房子。但是当时我觉得无所谓，人干嘛因为一个房子把自己绑在一个地方。所以，我没有丝毫的犹豫就去澳洲留学了。

回国归零，探索追求新的领域：国际公关公司的经理

让我们快乐的有共鸣的事情背后，正是自己生命内在价值[1]被尊重的体现。

我们内在的宝藏也就是我们的价值，会随着年纪经历增多而演化或者被开拓更多。每一次的放下与前进，都是使自己更靠近人生过得更有意义的路，可以和自己价值产生共鸣。

我喜欢新鲜事物，这样每天都能看到前沿的领先的项目，这样我就会感到特别满足，特别开心。

在澳洲做翻译的很多都是小生意者，以前觉得翻译是很高大尚的职业。去了澳洲之后发现不一样，完全没有我之前对翻译的感觉。澳洲那边同传机会少，很多人都会很多种语言，他们都能凑合翻译，这个职业在我心中的职业光环消失了，所以回国后就不太想当翻译了。

---

1 价值(Value)在这里指的是生命特质，从里到外生长出来的。当认可自己的价值观并根据价值观的指引来探索人生的时候，人们就会感到内心的“正确感”。每个价值观都会产生独特的音调，在人们的价值观中，丰富多彩的声音会奏出和谐的乐章。如果没有按照价值观的生活，人们就会不协调，不和谐。——《共创式教练》

问：那你辞去翻译的工作有什么感想呢？

答：有点失望吧，原来这个工作在发达国家还有另外一面，所以回国后就不想做翻译了。但是我一直挺喜欢用英语工作的，刚毕业的时候没有选择进外企工作，澳洲留学回来，我更明确自己想要什么了。

回国我就入职了一家外资公关公司。因之前我并不了解公关公司，去了之后觉得特别好，因为可以接触到很多不同行业，因为是 Agency 机构嘛，接触到的公司都是各行各业顶尖的公司，我觉得特别好玩。英国杜莎集团在中国的第一家蜡像馆就是我们负责的。还有文华东方酒店也是我们的客户，我第一次去香港就是文华东方的项目，因为是酒店的公关项目，服务特别好。还有很多 IT 客户等等，都是当时高端的新锐或知名公司。我喜欢新鲜事物，这样的话每天都能看到前沿的、领先的项目，在这个层面是让人感到特别满足的，也很开心，而且工资也不错。我的收入差不多是我同学中最高的（笑），升职也特别快。我开始是以新人身份进去，从初级职位做起，做了两年多就升到了比较高级的职位。起初各方面都比较满意，但是后来变得不太满意。主要有两点原因：一是北京公司的领导换了，风格换了。再就是最根本的：太忙了，比如说第二天的一个新闻发布会，前一天要加班，要去酒店彩排，会加班到很晚。我记得有一次加班回到家洗漱完都没来得及睡觉就又准备出发了。我差不多做了三年，真的太忙了，没时间思考、没时间干别的事情，仿佛人生的全部都是工作。

问：那后面是什么驱使你去外资银行的？

答：我还是希望能够有些空间思考，做些自己的事情。公关公司是乙方，我就想做甲方，希望寻找到生活和工作上的平衡。非常幸运，我去了一个甲方公司，某金融机构驻华代表处，从此开始跟金融沾边了。也是在代表处的时候，我开始兼职创业。后来各种原因兼职创业项目结束，我就想反正我也不创业了，那就换个忙一点的工作。很幸运，很快就找了一份我特别喜欢的工作。这也是我辞职创业前的最后的一份工作，是在一家外资银行公关部负责企业社会责任。这么多年我一直在公共关系领域工作，但是第一次做企业社会责任这个细分领域，就是公益事业。我对公益事业太有热情了，太喜欢了，觉得特别有意义。之前做公关总觉得有点自吹自擂的感觉，而这个是真的有意义。而且因为你是项目资助方，也就是出资人，你受到的待遇也不一样。

问：能举个例子吗？

答：比如说去考察项目的时候，我们作为资助方代表肯定是坐在第一排比较重要的位置上，大家都对你特别尊重，有时会有点众星捧月的感觉，感觉项目主管来就是财神爷来了的感觉。除了感觉很好，做的事情确实很有意义，能帮助到需要帮助的人。我们当时同时进行的有十多个项目，比如说儿童财商教育项目，我觉得财商教育本身就很有意义，这在我小时候是没有的。现在的小学生很幸运，很小的时候就能接触到财商知识。比如说我刚开始工作的时候是月光族，如果我早点具备这些知识的话，说不定可以早点实现财务自由。其实早些实现财务自由是非常理想的，这样做事才可以从内心出发，不用考虑经济的因素。还有一个我特别喜欢的项目叫做百年职校。这个项目乍一听感觉像骗子，它是一个面向社会弱势群体招生的职高，招收 22 岁以下的学生。学生的学费、生活费都不需要自己出，课程很优质，老师也有很多是有名的人。学生毕业 100% 能就业，工作也都不错。他们去招生的时候，曾被家长认为是人口贩子，因为条件太好了，不像是真的。

后来我又辞职了，一方面因为我不喜欢被约束，比如按时上下班，加班就很正常，但是迟到就被认为不正常。感觉自己被束缚，当时感觉不好，但是现在也能理解吧。另一方面又是太忙了，通常不加班时七八点下班，到家八九点了。当时小孩很小，吃完饭孩子就要睡了，早上也很匆忙，我觉得不是长久之计，总是跟孩子没有相处的时间。周末还可以，但是周一到周五就没什么时间。还有一个重要的原因就是一直想创业。

离开外资银行，创业，创造自己有意义的工作

问：你也是挺真性情的。其实在外人看来，你之前的工作都挺好的。

答：所以有的时候连我先生都说我挺能折腾的，瞎折腾（笑）

问：我总觉得你有一些很特殊的品质。如果回顾整个职业生涯的话，你觉得自己有什么特别的地方吗？

答：还是勇气吧，不管这个勇气对不对，但是至少我是勇于改变的，遇到不对的我就觉得要改变。还有一个我觉得可能是理想化吧，总是想找到一份特别理想的工作，这个工作量吧不能太闲，但也不能忙得只剩工作了。就是希望找到自己喜欢，既不会忙得失去自我，也不会闲得虚度时光，各方面都觉得还不错的工作。其实后来换了几次之后发现完美的工作是找不到的，只能由自己创造。辞职到现在有三年了，这三年最大的缺点就是收入锐减。我一直在做各种尝试，创业初期也是各种花钱。今年决定自由职业不烧钱了，但是事业也是刚刚起步。所以有时候自己也挺困惑，我追求一个我认为比较理想的，或者接近完美的工作，现在的工作很有意义，自己也觉得还不错，但是最大的问题是收入问题，我有时候会想我的理想还能维持多久呢？但是听完 CMW（创造有意义的工作）之后，这个是我创造的，可能创造的还不完美，但是我可以不断创造、修正它。

问：这样子来看，你和这样有意义的工作的关系是什么样的？

答：现在的工作就是挺有意义的，包括咱们现在一起写书啊，做教练啊都很有意义。我是很看重自由的，特别不喜欢被规定好几点上班几点下班。现在，自由是完全做得到的，全是自己来把控。

问：你还做过什么创业尝试？

答：我在代表处工作，工作了五年。这期间还开过一家对外汉语培训机构，就是培训教老外汉语的中国人，这些人一般都有英语基础，还算是与英语相关，我挺喜欢的。学校规模我很满意，有300平方米左右，地址选在北京当时很时尚的建外SOHO。从找办公室到装修都是我弄的，学校开业的时候还挺有成就感的，但后来也因为各种原因就没有再做下去。

问：你怎么形容这几次辞职呢？

答：如果有让我不舒服的地方，我就想找一个让我感觉更好的工作。

问：很多人在工作时也会不开心，但是会忍，你想跟他们说什么？

答：这个看个人吧。忍也是一种选择，我建议是在原有岗位上做出改变，让自己感觉不那么难受。如果很努力改变了还没有效果，那还不如找一个让自己更快乐的位置。

问：有些人会觉得害怕辞职之后找不到更好的工作，你想跟他们说什么？

答：人要相信自己，要更加勇敢。你怕的东西只是你自己觉得害怕，你走出去之后说不定还会有意外收获呢。其实反思一下，我觉得我忍耐力不够，一天都不想忍。世界那么大，为什么要默默忍受而不去多探索一下呢？

最后这个工作的辞职其实也是有拖延的。本来是要跟一个朋友做儿童教育，直到房子装修好了我还没辞职，然后朋友就问我是不是不想做了，这句话最终推动了我去辞职。做出了这一步之后觉得特别轻松，不然一直很纠结。辞职后感觉之前我自己勾画出来的愿景都能够实现。

问：不是带着怨气离开原来的地方，而是带着希望踏入新的公司？

答：原来的工作肯定有不满意的地方，不然不会走，但更多的是憧憬新生活的开始。

问：现在的你对生活和工作的状态满意吗？

答：现在这个工作带来的意义感肯定是满分的，不太满意的地方就是收入。我觉得更重要的是心态，坚定这条路有希望，一直这么走下去，未来肯定会好起来。就像一本书中说的，做你喜欢的工作，钱就会来了。收入的这方面目前没达到我的预期，但是我不着急，顺其自然，结果肯定是好的。

问：你怎样描述你现在的工作呢？

答：基于结合自己的学习和经历的一些应用。包括咱们在一起写书啊，做幸福营，还有准备注册的创业公司——美好人生都是围绕教练技术展开。教练技术其实很多人不了解，不知道有什么好的。我们作为教练的传播者，最有成就感的就是你在为别人提供帮助和支持的时候，看到别人豁然开朗，自己也觉得特别有意义。

问：你觉得生命的意义是什么？

答：生命就好比一本彩色百科全书，丰富却不深奥难懂，在轻松愉悦间给别人带来知识、智慧和思考，帮助人们更幸福。

问：未来你还想做什么？

答：结合人生教练技术和“创造有意义的工作”，帮助更多人提升职业幸福感。具体实现的途径，一方面是写作，一方面是做 Life Coach 相关的东西以及和企业、高管培训，同时也在考虑做自媒体。

问答精选

Q：您最喜欢的一首歌是哪首？

《A Whole New World》，这首歌是电影《阿拉丁》的主题曲，MV 拍得特别梦幻、唯美！其实我喜欢的歌会经常变的，目前最喜欢这首。

这首歌不仅旋律优美，MV 画面充满奇幻，为我们展现了大自然和梦想的神奇美妙，歌词更是直击人心，让我产生很多共鸣。如果把歌词里的 I 可以替换成 coaching，这首歌也可以看作是人生教练之歌，教练帮我们打开内心，找到全新的视角、为我们开启全新的世界，那里璀璨、闪耀、壮丽、神奇，充满惊喜和奇妙。

部分歌词：

I/Coaching can open your eyes
Take you wonder by wonder

A whole new world
A new fantasitic point of view
No one tell us no
Or where to go
Or say we're only dreaming

A whole new world
A dazzling place I never knew
But now from way up here
It's crystal clear
That now I'm in a whole new world with you
Unbelievable sights
Indescribable feeling
Soaring, tumbling, freewheeling
Through an endless diamond sky
A whole new world
Don't you dare close your eyes

A hundred thousand things to see
Hold your breath—it gets better
I'm like a shooting star
I've come so far
I can't go back to where I used to be

Q：您最喜欢的画？

我喜欢世界各地的绮丽景观和大自然的壮美，我对欣赏美特别有热情，我也很喜欢旅行，喜欢用照片记录各地的美景、风土人情和生活中美好的瞬间。

这是我在中国海南一个很有名的小镇——博鳌的海边拍得一张照片。那里的沙滩很纯净、细腻，踩上去很舒服，而且周围也很安静，没有其他知名海边的喧闹。你可以安静地赤脚走在沙滩上，临海凭风，呼吸清新的空气、欣赏自然的美丽，同时感悟人类的渺小和生命的可贵。这让我愈发感到帮助别人感到幸福是最有意义的工作。

Q：可以给职场上的新人什么好的建议？

答：追随自己的内心，追随内心的声音才能找到自己的共鸣。人生只有一次，没有重来的机会，为什么不做自己热爱的事情呢？

Q：人们聆听自己的内心的声音，追求梦想的路上常常会遇到反对的声音。而这又常常来自最亲近的人，比如有来自父母的压力，社会的压力。逃离舒适圈时，面对家人的质疑、反对、担忧的态度，你怎么看呢？

答：我觉得这很正常。父母无疑是爱自己的孩子的。因为爱，他们希望孩子可以平安、顺利地度过一生，不希望孩子们的生活太多波澜，因为每次起伏都会让父母有揪心的感觉。但是，他们常常忽略了孩子们渴望探索、经历更多的自我需求。我想还是从爱出发，让父母明白，你的不同选择不是对他们的藐视、忽视或者不尊重，而是为了追求更好的自己，相信这也是他们希望的。慢慢地，我想父母也会想明白，毕竟他们也年轻过，也有过梦想。

工具与练习

故事主人公 Elva 希望大家能够带着勇气拥抱自己只有一次的生命，活出绽放的人生，追求你自己的幸福。给自己一个属于自己的空间和一段时间，来做一下以下的练习吧。感受一下自己内心的幸福感以及生活质量。注意，这里邀请你由心出发地感受，而不是去和别人比较。

测测你的幸福感：

你认为什么是幸福？你觉得自己现在幸福吗？幸福是一个立体、复杂、多维的概念，但也并不是完全扑朔迷离，仍然有测量的方法。下面的小测试，就可以帮你测测自己的幸福感。

测试一：耶鲁大学幸福感测试

本测试共 23 题，分别测量了构成幸福的五大支柱（PERMA）：积极情绪、投入、人际关系、人生意义和成就。

测试方法：复制、粘贴以下链接地址，在网页中打开。测试完成后，自动生成最终分数。目前该测试仅支持英文。

https://yalesurvey.ca1.qualtrics.com/jfe/form/SV_dmWAB2LoFzOk25n?user_id=3a3c0356abce6786239bcbf6b51b4953c6eab882

测试二：生活质量表测试 /QOLS

如果你希望使用中文，也可以尝试下面的测试。

测试方法：结合自己的实际情况和感受，自己给自己打分，本测试共 16 题。将每一项的自评分数相加，最终的得分数就是您的幸福感评分。

序号	衡量内容	分数 1–7（低—高）
1	物质丰富、财务安全	
2	身体健康、有安全感	
3	与父母、子女及其他亲人的关系	
4	有孩子、正在抚育孩子	
5	夫妻关系 / 与重要的另一半的关系	
6	与朋友的关系	
7	参与帮助和鼓励他人相关的活动	
8	参与社会组织和公共活动	
9	智力、知识发展	
10	自我认知	
11	职业角色	
12	创造性和个人表达	
13	社交	
14	被动和观察性娱乐活动	
15	主动和参与性娱乐活动	
16	独立自主	

本测试满分为 112 分，得分越高越好。健康人群的平均得分一般在 90 分左右。如果患有慢性疾病的患病人群得分会低些，平均分为 83 分左右。当然，患有不同的疾病，平均分也会不太相同。

资料来源：https://www.ncbi.nlm.nih.gov/pmc/articles/PMC269997/

后记

我叫史丹芙妮 · 库尔图瓦，我是法国人，10 年前我决定离开我的祖国，在新加坡开始新的生活。今天我是一家跨国公司的财务经理，我去过超过 25 个国家，有过一次婚姻，爬过 7 个世界高峰之最。几年前，我遇到了薛慧 Henna，我们立即建立成为了好朋友，因为我们对新文化、新体验和冒险有着相同的兴趣。我们一起笑、哭、一起在迷途中探索和领悟人生。所以，当她让我为她的书写一本关于在工作方面活出自己的文章时，我立即接受了。我推荐这本书是因为我特别相信人不管是在工作中还是事业外都值得活出自己，有时要直面恐惧，越过害怕，不被害怕挟持，过我们应得的生活，自由的生活。

我们真正的幸福和人生目标的障碍是什么？

我最近参加了我的公司组织的一个研讨会，目标是东南亚的 25 名经理（全是女性）。在课程中，教练问了这样一个问题："为了成长和前进，你需要放手的自我限制信念是什么？"。

我记得的事情是与我的热爱有关：水肺潜水。几年前我去了马来西亚一个非常有名的地方，我不得不提前 6 个月预订行程，因为这个地方非常受欢迎，只允许一小群潜水员 ...... 潜水的早上天气很糟糕，天很黑，海面上狂风暴雨，还有大风大浪。这样的天气下，我问潜水长是否取消行程，但他说会潜水点会找到的，风暴也会过去。当我踏上摇晃不已的小船时，胃也很不舒服，真是吓死我了，我的恐惧已经达到高点：害怕我的潜水技能不够熟练，害怕在海上迷路，害怕在这次潜水中死掉。我记得我坐在船的边缘，一只手捂着脸，拿着我的面罩和设备准备跳进海里前对我自己说了一句 “Insha’ Allah”[阿拉伯语表达 “一切凭上帝旨意”]。入水的那一刻，没想到能见度出奇的好；海底世界的美丽与宁静与大海表面形成鲜明对比。那天我看到了大量的野生动物，如海龟、鲨鱼、巨大的梭鱼或驼头鱼（称为拿破仑鱼，非常罕见）……这确实是我最好的潜水之一。

我从那次经历中得到的启示是：恐惧是自我保护的必要感觉，但也可能成为我们追求个人成就的障碍。恐惧是一种情绪，我们无法控制它，但我们可以控制处理它的方式，正如维克多 · 弗兰克（Viktor Frankl）博士在他的《人类寻找意义》一书中所说：“在被刺激和做出反应之间，有一个空间。在那个空间里，存在着我们选择回应的自由和权力。我们如何回应里潜藏着我们成长和幸福的潜能。”

事实上，恐惧无处不在：害怕自己不够好、害怕孤独、害怕面对疾病，还有对未知的恐惧。我们如何对抗恐惧？没有秘密，你需要练习它。最好的方法是有一个目标、找到自己的热爱和人生的愿景。你的热爱和生命意义越准备的越充分，越具体，你就会变得更无所畏惧、更强大、更坚定。你会意识到你比你想象的要强大的多，几乎没有什么是不可能的，比如申请竞争激烈的职位，比如搬到一个人生地不熟而且几乎不会说当地语言的新国家，比如喜马拉雅山 10 天的徒步旅行。

他们说，“杀不死你的挑战，让你更强大”，我说“战胜恐惧后的活出来的生命更鲜活”。而这本书，能够让你找到勇气，感受到每一个生命的鲜活，也感受到你自己的生命的鲜活！

史丹芙妮 · 库尔图瓦

跨国公司财务经理

Afterword

My name is Stephanie C, I am French and 10 years ago I decided to leave my home country and start a new life in Singapore. Today I am a Financial Manager for a multinational company, travelled in more than 25 countries, divorced, and climbed one of the 7 summits. A few years ago, I met Henna, we immediately connected as we share the same taste for new cultures, new experiences, and adventures. Together we laughed, cried, got lost, but most importantly, we grew up. So, when she asked me to write an epilogue for her book about living the life we deserve and embrace change, I immediately accepted.

What are the roadblocks to our true happiness and life purpose?

I have recently attended a workshop organized by my company targeting a small group of 25 managers (all women) across South East Asia. During the session, the coach asked this question "What is your self-limiting belief that you need to let go in order to grow and move forward?".

I remember that the first thing that came out was not about work, but rather related to one of my passions in life: scuba diving. A few years ago I went to a very famous spot in Malaysia. I had to book the trip 6 months in advance as the place is very popular and only a small group of divers are allowed. On the morning of the dive the weather was terrible, it was very dark, heavy rain, strong wind and lot of waves. I asked the dive master if we would cancel but he said it will be fine, the storm will pass. When I embarked on the small and shaky boat my stomach was very upset: I was ultimately scared. Scared of not being skilled enough as a diver, scared to get lost at sea, scared to die. I was sitting at the edge of the boat, with a hand on my face holding my mask and regulator ready to jump in the ocean and said to myself "Insha'Allah" [Arabic expression meaning "if god wills it"]. The moment I entered the water the visibility was surprisingly very good; the beauty and peacefulness of the underwater world was in total contrast with the roughness of the surface. That day I saw an abundance of wildlife such as turtles, sharks, huge schoolfish of barracudas or Humphead fishes (called Napoleon

Fish, very rare). It wa literally one of my best dives.

The takeaway I got from that experience is this: fear is a necessary feeling for self-preservation but can also become a roadblock to our quest for personal achievement. Fear is an emotion, we can't control it, but we control the way we address it. As Dr Viktor Frankl said in his book Man's Search for Meaning: " *Between stimulus and response, there is a space. In that space, lies our freedom and our power to choose our response. In our response lies our growth and our happiness".*

The truth is that fear is everywhere: fear of not being good enough, being alone, facing sickness but most importantly, fear of the unknown. How can we fight fear? There is no secret, you need to practice it. And the best way is to have a target, a passion, a vision, a purpose. The more you think about it, visualize it and prepare for it, the more fearless, stronger, and determined you become. You will realize that you can do much more than you think and almost nothing is impossible. Applying to a new position and being in competition with many other applicants (with some more senior than you), moving to a new country where you know nobody and barely speak the language, signing up for a 10 day hike in the Himalayas while the longest distance you have done was less than 10km.

They say, “What doesn’t kill you makes you stronger”, I say “what makes you beat your fear makes you alive”. This book will help you to find your own courage and feel the aliveness of each story, feel the aliveness in your own life.

Stephanie Courtois
Financial Manager for a multinational company